「不是一切的努力，都會流失於沙漠」

陳文茜

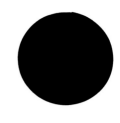

他們獻給青年的人生短句

我相信，失敗。

我害怕，成功。

這兩句話乍聽起來皆有點荒謬。但在人生路上，「成功」永遠只是人生長路中的一段，而且「相當差勁的老師」（Bill Gates語）。無論你的身份是企業家、政治人物、國際舞者、大作家、或是千萬億萬人迷的演員、歌手創作者；失敗，會教導你一些事；成功，反而會誤導你做錯許多事。所有舞台的燈光在結束時都會熄滅，所有「努力」「僥倖」「機運」得來的「成功」，未嘗不是如此。

「中天青年論壇」自二〇一二年舉辦至今數十場，每一位台上主角敍述每一段他或她的故事，都是從「苦熬」開始。林懷民從世家父親不能認同的「男舞者」角色開始，掙扎他的舞蹈夢想，創了「雲門舞集」，解散了，又再站起來；至今雖名滿天下；他還是一個背包，搭著捷運，一身簡便黑服，偶爾圍了一條長輩贈送舒適的圍巾，纏繞保護他的脖子；那是他生命硬頸的象徵。他鞠躬，但不會在藝術創作上打折扣，在追求創作的完美路上，他永不低

本書全部版稅捐贈

財團法人

雲門

文化藝術基金會

感謝中天電視台　中天

青年論壇

系列節目

頭，永不輕率。雲門至今四十年了……每一支舞，重編、突破；細節到每一名舞者手與腳抬高的角度……都沒得妥協。

許芳宜剛獲得瑪莎・葛蘭姆舞團錄取時，還不會英文，也不知如何打國際電話向父母報喜訊。在紐約街道她無意識走過來，又走過去，最終站在林肯中心旁，喜極而泣。舞者以熟悉的腳趾不停地行走，交互來回，告訴自己，那麼遙遠的夢想，那麼大而冒險的衝動，一切竟已成真。然而她的哭泣，沒有終點。黃皮膚及東方人的身體，使許芳宜最終在舞團中登上了「首席」，登上了紐約時報藝術版頭版；但仍無法站上主要舞台。她曾大哭，不服氣地問自己「為什麼」；最終擦乾眼淚，決定離開「庇蔭」的國際大舞團，再度冒險地與世界一流編舞家合作，單獨闖蕩國際舞台……。那個代價是：她往往一個月跳三支不同的編舞，往返飛行幾十個城市，舞台上精準完美演出後，深夜浸泡烏青受傷的腳趾；然後第二天天未亮，提著行李，一個人孤單奔向機場，走向下一個舞台。

蔣勳幾度人生更迭，從母輩到自身，從痛恨故鄉奔往巴黎，到香榭大道上他居然聞到台北大龍峒泥土的味道；鄉愁帶他回來，鄉愁帶他投入《夏潮》；一本當時台灣惟一反省資本主義主張民主改革的雜誌。他曾因此失去教職，但也隨著時代變遷，被「體制」逐門的他，又榮登「時代寵兒」、「美學大師」……或許這也是為什麼他比旁人更體悟「捨得」與「捨不得」。

嚴長壽總是笑的，他中學學歷，靠自讀英文、主動加班、貼心為主管送電報……勤勉細心努力等硬功夫……讓他爬上人生「高峰」。罹患癌症之前，他早已投入公益工作；罹癌之後，他可沒有怨天尤人，恐懼死亡，反而是更珍惜僅餘的生命。嚴長壽把什麼皆擱下，在台東山區「租房」，一點一滴從事「公益平台」。看到時局紛亂，他說真話，不附和庸俗之見，然後告訴天下父母、提醒青年：「憤怒」改變不了人生的困境，「愛孩子」不是提供隨時空降的「保護傘」。「改變」，從此刻「開始」。

訪問劉若英阿信那一回，我剛從美國開刀回來，聽眾大爆炸，身體虛弱。中天電視台換了一個場地，音響未曾現場測試。於是那成了一場「口語交談」。阿信聽不見我的問話，我也聽不清阿信說什麼。只有奶茶劉若英靜靜地坐在我們中間，她的談話、她的聲音在那一場如此清晰。年輕時她夢想的一切，都得到了，她仍然在閱讀，永遠提醒自己，出道時某位導演殘酷的忠告：「妳，不夠美麗，所以要更努力。」

五月天成團之前，阿信待過地下樂團，他提醒當時我幫他站台的點滴；而同團瑪莎的媽媽在我訪問阿信前，則告訴我兒子加入「五月天」的往事。「他們在學校時那麼相信自己，興奮地唱著、演奏著……而每次我離開，想著他們可能空白的未來，轉身回家的路上，總是流著淚……」

周杰倫是我們訪問幾位天王中，最「緊張」的來賓。他覺得自己該回台灣鼓勵失落年輕人，因為自己也曾無路可走；可他又不知道不確定我會問他什麼。那一夜我穿著皮褲、戴上深色方形墨鏡，周杰倫有點「相信我」又有點「手足無措」。上台前我們簡短聊了天，當我告訴他一位杰倫迷留言「你陪我長大，我們陪你唱到老」時，他立刻稚氣地樂起來……一個人會長時間「成功」，大概就是他始終未忘「初心」，始終「戰戰兢兢」……。

而在這本第一冊「青年論壇」選輯裡，我把蔡康永放在第一篇，潘石屹放在結尾：他們的人生皆曾親歷或目睹何為「大起大落」。請讀者慢慢細讀體會他們因此參悟的特殊智慧。所有參與論壇的來賓，除了場地舞台上提供一杯水（周杰倫喝了三杯）之外，皆未取分文。為什麼？因為無論他們在那裡出名、多麼紅遍大半北半球，多少千萬追逐粉絲，有一根線始終拉著他們——故鄉。他們希望自己的某些感悟可以回饋給故鄉的青年，或者每一個他們曾遇見的生命。

這些話語，都是他們掏出生命回憶、感悟之下獻給青年的人生短句。

個人活著，無論老去還是年輕，不知道如何「快樂」活著、「珍惜」活著，其實都是辜負了生命的意義。最靠近出書留待下一冊專集才收錄的「青年論壇」來賓李開復，他已罹患淋巴癌第四期，我和他對談；人生最大的轉折點與反省，不是拿了全美最Top的資訊工程博士，或者Google中國區總裁，而是獲知罹癌那一刻。淋巴本來遍佈全身，淋巴癌是最難根治的癌症之一。李開復感覺異狀，照攝像檢查時已經「滿腹金輪」，滿肚子的癌細胞，在正子攝影下，亮晶晶的。那一年二〇一三年，他才剛獲美國權威雜誌頒發「百大思想人物獎」，帶著自嘲，李開復說：「還很高興跑去美國領獎。」沒多久，二〇一三年告訴李開復，他得到的最大獎項是：「淋巴癌，第四期」「畢生不能根絕」。那一年，他五十三歲；離「青春」一段距離，名片上Apple、Microsoft、Google前全球副總裁、中國區總裁……沒有一項頭銜救得了他。「癌症面前，人人平等」。那一年他開始反省自己的人生，真正有了最深刻的「創新思想」；除了養病之外，他把大多數的時間留給家人。那個每天滑啊滑的手機，偶爾玩玩，徹底失寵，不像往日寸步不離。曾經一天發二十條微博，夜裡回三次Email……李開復說他曾自豪的「效率」，現在變身為亮晶晶的腫瘤在他的肚子裡。

「青年論壇」幾十場下來分好幾個重點，其中我們總是會談到「青春」的定義。什麼是青春？二十到三十？十五到二十五？二十至四十？依照日本文學家三島由紀夫的定義：青春就是未得到某種東西的心理狀態，於是形成渴望，形成憧憬，形成可能性。儘管眼前埋伏廣袤的原野和恐懼，儘管還一無所有，但在幻想中，却感覺自己擁有一切，那就是青春。

所以，青春無關年齡，有關恐懼和計算；有關安逸與逃避。因此若你才二十，已沒有了幻想，你的人生其實已經沒有了青春。若你已六十，你仍在創新，仍想改變擁抱新的生活方式，你還「青春」！我常常看到「不快樂的年輕人」，心疼也心憾。青春多麼珍貴，一去不復返。對我而言「最貧窮」的青春；莫過於怠慢。怠慢擁有人生最美的青春，怠慢可以闖盪天涯的機會。

或許此刻「青春」的你正接收了生命從開始萌生到穩健成熟這期間的種種苦惱、掙扎、失望、貧窮、焦慮、怨仇和哀傷，但你也容納了它們的歡樂、得意、勝利、收穫和頌讚。生命的過程本來注定是由激越到安詳，由絢爛到平淡。一切情緒上的激盪終會過去，一切色彩喧嘩終會消隱。如果你愛生命，你該不怕去體嘗；甚至珍惜那激越絢爛的快感。

羅曼羅蘭有句驚人名言：大半的人在二十歲或三十歲，「就死了」！因為人一過這個年齡，他們只變了自己的影子。以後的生命不過是用來模仿自己的，把以前年輕時代曾經說過的，曾經做過的，曾經想過的，曾經喜歡的，一天天的重複，而且重複的方式還越來越機械，越來越荒腔走板。

在已錯過青春的人眼裡，青春是無限的可能；在困守於青春、茫然憤怒的人眼裡，青春是一種缺陷；人們初次品嚐青春滋味，並不知道只要抱持幻想，貧窮的滋味也是甜的；而永遠離別青春後，對青春的渴望、遺憾、追念……那個滋味，即使坐擁財富，還是苦的。青春是一棵樹，只有愛與希望才能成為它的根，紮紮實實地扎根入土裡，智慧與愉悅的枝葉，才能使你的未來人生招展，無論是面對風雨還是身處藍色天空之下。

願你永遠青春。

感謝所有論壇的主角們，感謝中天電視台，感謝出版公司的用心。

「我如果一直覺得自己可憐，

我今天就不會坐在這裡。」

——周杰倫

圖片提供／杰威爾音樂有限公司

「堅持很孤獨，可是你要堅持，

最終被看到的，都是堅持下來的人。」

——阿信

圖片提供／相信音樂

「年輕人有什麼好抱怨的，

不喜歡台灣就出去，

出去，再回來後，就是一個

新的台灣。」

——羅大佑

圖片提供／羅大佑

「真的很順遂的人生其實滿無聊的，

不然你老了以後，還有什麼可以講？」

——劉若英

圖片提供／英兒工作室有限公司

「你必須得先把自己的手搞髒，

你必須能夠蹲得下去，

這個時候，才能夠真正的深入。」

——嚴長壽

圖片提供／公益平台

「當我疲累的時候就會告訴自己，

不能背棄初心。」

——林懷民

攝影／劉振祥

「有時候，其實夠傻就是夠勇敢。

要不是我父母親反對得這麼用力，

我就不會堅持得這麼努力。」

——許芳宜

攝影／Sam Tsao

「生活裡面的溫度，生活裡的溫暖，
不完全是用你看待物質的條件來看，
有時候可能要看更多更多。」

——蔣勳

攝影／林煜幃

「你不用急著完成你的夢想，

可是你要不斷地靠近夢想。」

——蔡康永

圖片提供／海灘娛樂有限公司

「世界是你們的，也是我們的，

歸根到底，世界是你們的。」

——潘石屹

圖片提供／SOHO中國

目錄

蔡康永：給年輕人的短信

□ 如果發現跳錯了某個步子，就當成是舞蹈，而不要覺得自己丟臉。

□ 我跟自己說，你要一次又一次的拋棄那個已經熟悉的世界。

□ 「隨遇而安」，人生就是隨著機遇往前走，當你碰到什麼機遇，就要把它搞定，「安」就是把它搞定的意思。

□ 沒有道理夢想要在一開始就統統都搞定。你要給自己人生保留不同的樂趣，在不同的階段搞定，那個時候你就會感覺到自己存在的樂趣。

□ 死亡是人生的一部分，而不是人生以外的事情；一個好的死亡，是一個好的人生必備的一部分。

□ 所有成功的人在講解他的成功經驗時，大部分沒有講的是，有時他只是運氣好而已。

□ 什麼叫作長大？就是我們終於體會到有一件事情不再那麼迷人，有更迷人的事情值得追求。

□ 嘿！拜託走出教室看一下外面的世界吧！

陳文茜：你說，人生如果踏錯幾步路，就把它當成跳一支舞。

蔡康永：我想，文茜跟我，人生都經歷過一些很有趣的片段。有時事後回想起來，可能會覺得犯了一些錯。各位其實跟我們一樣，常常都要面臨一些困惑，或是很難抉擇的時刻，過了幾年回頭看，覺得當時好像做錯決定了。如果發現你跳錯了某個步子，就把它當成是舞蹈，而不要覺得自己是丟了很大的臉，我覺得那樣會好過一點。這是我給自己的解脫之道。

陳文茜：我回台灣快十九年了，回來後沒有多久就遇見蔡康永，這幾年看著康永歷經各種不同的角色。他寫文章，有時他的文字裡會出現杜斯托也夫斯基、屠格涅夫這類，但是，他寫出來的文字，居然叫作「挖鼻孔要靠自己」？

蔡康永：對。有陣子我對這件事情很有體會。去剪頭髮時，都會請理髮師幫忙掏耳朵，我跟朋友聊說，怎麼只請人家掏耳朵，為什麼不順便掏鼻孔呢？後來朋友說那我們來試試看，互相幫對方挖一下鼻孔。結果發現，把手指頭伸進對方的鼻孔以後，不知道要往哪個方向轉動，研究了一下，無功而返，手指頭退出了鼻孔。然後就得出這個結論：挖耳朵可以靠別人，挖鼻孔要靠自己。

陳文茜：我很喜歡給自己各種不同的造型，還有一個人也很愛給自己做造型，就是康永。蔡康永有好幾個面向，你喜歡讓自己百變很多角色？

蔡康永：是。講到造型，我感覺華人演藝圈裡，有時被規範得比較死板，尤其是男生，在很多典禮上看到的男明星，大部分只走帥氣路線。我當然不用妄想帥氣這件事情，所以反而可以很放鬆地做奇怪的造型，因為我覺得幽默感很重要。

其實就是一種想惡作劇的感覺。我覺得這件事情在華人世界裡有點危險，因為很多公眾人物幽默感若掌握不好，就變得很惡俗，或很讓人覺得不舒服，可是如果完全沒有幽默感，又好像變得很古板。

陳文茜：我這輩子最認真、不得已看京劇，是被蔡康永害的。

蔡康永：那一次很有趣。當時有劇團來台灣表演，我請爸爸去看戲。因為爸爸很欣賞陳文茜，我就請文茜一起去。她當時大概也很為難，不好意思不答應。爸爸看到陳文茜在，當然非常高興。我還很細心地為文茜選了一齣跟政治有關的京劇，有各種綠臉、黃臉、白臉、黑臉、紅臉，整個過程中，我不斷跟陳文茜解釋每一個臉譜代表什麼角色個性，對應於台灣政壇又是哪一個人之類，希望她不要覺得那麼無聊。她大概也體會到我的苦心，勉為其難地陪著我們看了一晚上的京劇。

京劇就是今天的戲劇，清朝時進了京之後變成京劇，其實起源是徽班，大部分人可能會把京劇跟崑曲當成很類似的事，其實不太一樣。相對於崑曲，京劇非常講究娛樂感，兩者的差別在於京劇有非常大聲的節奏樂器，像鑼鼓。一般崑曲的角色出場，大概是隨著笛音，慢慢地飄出來，可是京劇人物出場時，非常講究讓觀眾精神為之一振，「鏗鏘、鏗鏘、噹！」一亮相，觀眾就會說「好」！所以京劇是非常希望觀眾熱情參與，而且能夠一再發現舞台熱情的一個劇種。

我大概十歲左右，週末經常被爸爸帶去中華路國軍文藝中心看京劇。我發現京劇很好看，因為有很多殺人、放火跟通姦的劇情，還有負心漢拋下女主角，女主角變成鬼之後又回來抓他這類非常精采的故事，或是包青天把陳世美推上虎頭鍘，鍘成兩半，都是很刺激的戲。後來回想，才發現爸爸對我的教育很古怪，從小就讓我看殺人放火、通姦、貪汙這些內容。

陳文茜：爸爸跟你年齡差幾歲？你唸大學時媽媽走了，爸爸是在你三十幾歲的時候走的？

蔡康永：爸爸五十多歲的時候，我出生。爸爸走的時候，我在做《真情指數》，他沒有看到《康熙來了》這個節目，不然我想，我爸可能會很錯愕吧。

我在台灣做的第一個電視節目是在ＴＶＢＳ－Ｇ創台時期的《翻書觸電王》。那時候小燕姐找我主持，說要做兩個節目，一個讀書節目，一個電影節目，我建議併成一個節目，介紹書同時又介紹電影，更重要的是，我要介紹漫畫，因為我覺得大人對漫畫有很深的誤解。

當時有一集請王建煊當特別來賓，錄影的觀眾是台大漫畫研究社的同學。介紹一套漫畫《墨攻》，講諸子百家的墨子，後來還拍成電影。我覺得那套日本漫畫把墨子的精神闡述得非常精采。

王建煊當時說，他完全不懂為什麼要看漫畫，十本漫畫裡面講的事情，比不上論文裡面一頁講的事情有意義。他講了這段話，台大漫畫社為之譁然，當場就跟他辯論了起來。第二天上了報紙，不是上娛樂版，是上政治版，意思是政治人物不懂漫畫這件事情。

那時爸爸覺得他看不懂我在主持什麼，因為我爸爸他也是不看漫畫的，雖然他很高興兒子上了電視，可是他不懂我在幹麼。所以，後來我主持《真情指數》，他非常高興，因為訪問的都是達官貴人、社會賢達，像是總統、諾貝爾獎得主、企業家，他就比較放心一點。他就是在這個時候離開的，我覺得他很放心，如果他後來看到《康熙來了》，應該又會覺得很不安吧。

陳文茜：聽康永講爸爸離開的事，我覺得他有一種本領，可以把他人生裡逆風的事情、有一點悲愴的東西，找到不同的看待角度。

蔡康永：中國文化其實給了我們很多看待死亡的角度，不管道家還是佛家，其實談很多。可以把死亡當成人生的一部分來看待，而不是當成人生以外的事情。

我剛回台灣時，台灣有一本書被禁了，日本作家鶴見濟寫的《完全自殺手冊》，書裡介紹各種有效率的自殺方法和細節，比方說，如果你在日本撞地鐵自殺，你的家人要負責賠償地鐵公司，所以想要這樣自殺的人，應該考慮家人能否負擔這樣的財務等問題。這本書出版時，作者很明白地說，他認為一個可以自己安排的、有效率的死亡，是一個完整人生的一個重要部分。如果你人生都安排得非常好，可是死亡卻被別人安排得亂七八糟，就像我們兩個現在對談聊得很好，可是到結尾的時候，猝死，竟然由別人來幫我們做結局，就會覺得很煩。

當時《完全自殺手冊》在台灣引起了很大爭論，很多學者不喜歡這本書帶給青少年的影響，覺得鼓吹自殺風氣。當時唯一願意上電視去替這本書講話的，只有我一個人。這幾乎是我上電視的開始，因為找不到別人願意介紹這本書，就找我去。我很熱情地推薦這本書看待死亡的態度，我覺得一個好的死亡，是一個好的人生必備的一部分。一個好的人生，結果有一個爛的死亡，不是一個理想的事情。

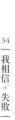

中國文化其實有那個淵源，有足夠的養分來面對死亡，可是不知道為什麼，到了我們這一代，卻變得非常鄉愿，不願意開朗看待死亡這件事。我很感慨，大家這麼害怕死亡這個題目，卻沒有能力開朗地面對這件一定會發生的事。提到父親或者母親的過世，我覺得，如果有一個足夠完整的態度去看待這件事，其實它完全可以納入你人生的脈絡中，而不用把它獨立開來，當成一個陰暗的、或者沉重的部分。

陳文茜：白先勇從小在一個很沉重的家庭長大，深深地影響白先勇的創作。蔡康永也被這樣一個家庭影響，當然背景不完全一樣，可是有點類似。丁雯靜拍了一部紀錄片《太平輪》，蔡康永的父親就是太平輪的公司負責人。太平輪是一個很大的悲劇，可是到最後，蔡康永轉換出來的不是玉卿嫂，而是轉換出「挖鼻孔要靠自己」跟《康熙來了》。我覺得這個轉換過程有其道理，有其過程也有人生態度。這件事情對你的家庭、對你父親的影響都很大？

蔡康永：與其說是太平輪，我們應該把它解釋得更廣泛，就是一個老派的上海家庭，來到台灣之後，家庭裡所瀰漫的氣氛。對此，我其實有想過，不是完全沒有自覺的。從小生活的氣氛，讓我覺得好像在過二手人生。小時候，爸爸只要在家裡請客，桌上如果端上來一條黃魚，爸爸吃了一口，就會說這比在上海吃到的黃魚差了大概三倍。如果去看京劇，白蛇可能從兩張桌子上面翻下來都非常成功，我們鼓掌叫好，我爸就會嘆一口氣說，上海的白蛇都可以從三張桌子上面翻下來的。每次聽他這麼說，我就覺得自己好像在過一個很次等的人生，什麼東西跟他的比起來，都是第二級、第三級的，都是當初那個美好範本的一個不良翻版。

還有一件事對我影響很深。有一次，我爸帶我去吃冰淇淋，遇到一個駝背的老太太，爸爸跟她打了招呼。等老太太離開後，爸爸跟我說，那是當年青島第一美人。我說她已經是像蝦米一樣的人，竟是當年青島第一美人，這讓我非常受不了。白先勇的小說《台北人》裡有非常多這樣的例子。爸爸最美好的青春歲月是在上海。那時爸爸剛從復旦大學畢業，穿著福爾摩斯的披風，就是大衣外面還有一個坎肩那種斗篷，拿著上海人的枴杖，坐敞篷車。當時管紅綠燈的很多是印度人，在上海的法租界、英租界裡控制交通燈號。沿路風吹過來，斗篷飛舞，他們揮著枴杖，經過控制紅綠燈的印度人，就往頭盔上「鏘」敲一下，再從車裡拿出一條洋菸丟給他，那印度人就會記得你是誰。後來，爸爸朋友的車子在上海市開來開去都遇不到紅燈，因為印度人看到他的車子來就知道，會有洋菸從車子裡丟出來，趕快把紅燈改成綠燈。

聽他講這些故事，就知道他們在上海過得很爽，大學畢業以後，就是過著這種很意氣風發的生活，所以他回想他的上海歲月，是他的青春歲月，是他最美好的時光。後來到了台灣，不管他的公司經營是不是失敗，可是他最美好的記憶都停留在那個時候，他身邊看到的最美麗的人，現在都變成了老人。每一個人都把他的青春年華，留在了那一個懷念中的上海。有人問我，為什麼爸爸在世時，不願意陪他回上海？因為我不想要接收他的那個上海。他的上海，是他回憶中的上海。我必須要靠我自己去重新接觸我這個時代的上海，不能跟著他的腳步，接收那個我從沒有接觸過的、當年他認為意氣風發、富貴榮華的上海。

因為從小生活在一個二手的氣氛中，使我對很多事情都提不起興趣，包括很多人覺得我做節目常常有一種格格不入，或者意興闌珊的感覺。電視台的主管常聽我這麼說，只要《康熙來了》收視率一有什麼好表現，他們要慶祝，我就說不要，因為慶祝的第二天，收視率就會掉下來，有什麼好慶祝的？收視率破紀錄，第二天就一定往下走，所以不用告訴大家，我們要開始走下坡囉！讓它很平靜地過去就好了。可是收視率很低的時候，反而就要安慰他，我們還會回到高點去。我覺得人生起伏應該把它當成必然的節奏，而不要一驚一乍，覺得好重要，又要慶祝、又要失落、又要難過、又要開心的那種節奏感。所以，不管輪船也好，或者是家裡的氣氛也好，我的確不喜歡把我埋在那一種沉重裡。悲傷跟開心，我都覺得是很多餘的情緒。

陳文茜：康永主持金馬五十典禮，做了非常多的歷史回顧。他做足了功課，也擔任評審，花非常多時間讀書，唸許多電影史和台灣電影資料，所以會想到訪問陳松勇，也提到關錦鵬在傳記裡回憶他那次得獎並不開心。在金馬五十的時刻，算是你對你自己從小電影夢，以及對曾在電影這條日光大道上奔跑的這群人的一種致敬嗎？

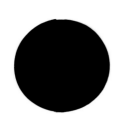

蔡康永：金馬獎主持當天晚上的所有表現，都不是我預先排練好的。金馬獎的評審在典禮當天，早上八點半聚集評審開會，一直討論到下午四點半，理論上會議要結束，所有獎項出爐，然後評審們就分別回去梳妝，準備晚上走紅地毯進典禮。我第一次碰到自己當評審又要當主持人，所以早上八點半開始討論後就一直忐忑不安，因為我晚上就要主持了。

李安導演是當年評審團的主席，大家知道李安導演的風格，他是一個節奏非常舒緩、耐心超級好的人。當天他做了一些很明智的決定，認為最大獎最佳影片應該在早上八點半就開始討論，省得後面時間很侷促卻要討論最大獎，這樣不對。結果第一個獎項就討論了兩個半鐘頭，後面還有四、五十個獎需要討論，我也沒有察覺到情況很嚴重。隨著時間過去，越來越靠近下午四點半，李安導演依然維持他一貫舒緩的風格，比方說評審們討論完最佳剪接獎給哪一部電影，大家就鼓掌通過，通過之後李安就坐在那邊微笑一會兒，接著才回過頭說那下一個是什麼獎呢？

金馬獎執委會是很辛苦的，所以工作人員都是對電影抱著極高熱情的人，這樣的人通常也是文藝青年，通常也都非常優雅，當李安說我們來選下一個獎，然後他們就翻一下資料。這樣來回兩次以後，我就想已經來不及了，他們還在那邊慢吞吞，於是我對著金馬獎的工作人員大吼：「你們希望今天沒有人主持典禮嗎？」然後大家都很害怕，一直加快速度進行。我不敢看李安，一邊很內疚地想，在李安面前表現得這麼沒風度很丟臉，可是一邊又很著急，趕快催大家，總算在四點半時真的選完了最後一個獎。我狂奔出去，化妝師、髮型師、服裝師全部等在外面，打算最悲慘的狀況就是在車上開始幫我化妝。

幸好，到了現場還有四十分鐘空檔，我走上舞台，想著今天典禮要怎麼開始。我心裡當然有另外的版本，可是覺得那些版本都有點不夠Party的感覺。過去四十九年來的影帝影后齊聚一堂，這些大明星們見過多少大場面，如果把場面搞得很緊張隆重，似乎顯得太小氣，應該要隨意一點地招待這些客人。

後來發現有些對於金馬獎典禮主持的討論很有趣，當中包括：蔡康永竟然有種到跳過郝龍斌市長跟龍應台部長，沒有任何介紹。讀到這個評論時我很驚訝，因為我完全沒有意識到自己跳過他們兩個人。我不是故意要表彰今天是電影人的日子所以其他人給我走開，不是這個意思。我的邏輯是講完蔡明亮後，過了走道是金馬獎職委會主席侯孝賢，而侯孝賢進電影圈是因為李行用他當副導演，所以侯孝賢過去就會跳到李行，李行不但是把侯孝賢拉進電影圈的人，而且是唯一一個導過七部電影全部都在金馬獎得到最佳影片的導演。

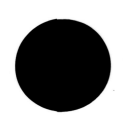

陳文茜：你一跳到李行，就把那幾個人跳過了。

蔡康永：對，所以從侯孝賢跳李行的時候，就跳過了郝龍斌市長跟龍應台部長，因為他們在電影圈裡沒有歷史，所以我沒辦法講他們。後來才發現，有觀眾認為這是一件事情，不管是好事還是壞事，可是在我的心裡這不是一件事情。

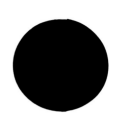

我還要講一個祕密。因為我是評審，所以知道誰得獎、誰沒有得獎，我當時想，如果不在開場時介紹某些沒得獎的人，他們今晚就會白坐在那邊，一個鏡頭都沒有。所以介紹完李行之後，我跳到甄珍、林青霞，然後是趙薇、關錦鵬，再繞回彭于晏。為什麼要繞回彭于晏？因為我知道彭于晏沒有得最佳男配角。我當時想，他的位子在那麼上面，如果沒提一下彭于晏，當晚他就沒有鏡頭，沒有開口的機會，所以我最後繞到彭于晏，就算只有一個一秒鐘跟觀眾微笑的畫面，起碼彭于晏的粉絲會很高興看到他們的偶像出現在典禮中。後來我在機場碰到彭于晏，他說他媽媽在家看轉播，很高興蔡康永特別介紹到他，彭于晏說他也很高興，可是過了十分鐘就體會到：完蛋了，我沒有得獎。不然有誰會這樣，繞來繞去再繞過來，就為了提他一句。

陳文茜：所以結果還沒公布，彭于晏就體會到這一點？

蔡康永：彭于晏心裡面就有數了，知道一定有原因。不然，他在電影圈還算資淺，我其實不用繞那麼遠去提他一句，但我知道他是非常受歡迎的偶像，他的粉絲很期望在典禮當中看到他多一點。所以，我認為典禮主持人應該要知道得獎名單，這樣他才能夠對一點地去照顧很多出席的明星。

陳文茜：我覺得康永有一種能力，第一個是體諒別人，第二是自我很小，第三就是，雖然你學英國文學、學電影，可是在必要時，你可以懂得、也願意蹲下來去做《康熙來了》。有一次你告訴我，其實小S才是主角，每次她去生產，收視率就會掉，而你也能怡然自得地面對。康永有一種本事，可以在不同的跑道裡轉換角色，懂得大環境不同了，就蹲下來，也不會抱怨，很明白地接受這個時代是小S的時代，她才是主角。我在新浪微博上問網友，想問蔡康永什麼問題，其中有一個提問是，以你的背景，為什麼願意在《康熙來了》裡做綠葉，襯托小S？

蔡康永：文茜跟我雖然很熟，可是我們對某些事情的見解還是很不一樣。說我蹲下來主持《康熙來了》，說實話，我一點都沒有蹲下來的感覺，反而在主持《真情指數》時，常常有蹲下來的感覺。《真情指數》是個一對一的訪談節目，訪問各個領域的重要人士，當中有一些是我認為重要，但別人覺得不重要的人，比方像飯島愛這樣的人物。當時有一位台灣的社會賢達，聽說上個禮拜播的是飯島愛，他就拒絕錄下一集，要求與飯島愛中間要隔兩個人，才願意參加錄影。為什麼主持《真情指數》時，我反而會有蹲下來的感覺，因為有些自我感覺過於良好的社會賢達，會要求主持人必須對他們表示一定程度的敬意。超過一個以上的來賓在受訪前與工作人員溝通時，要求要稱受訪者為「大師」。

可是看過《真情指數》的人會發現，不管博士、院長、部長任何官位，任何領域的領袖，我一律稱先生或者小姐。我當時對此很堅持，因為我覺得，如果你被拱在大師的位置上，受訪時你會無法恢復「人」的位置，無法用人的立場來回答我的問題。一稱你為大師，你就不好意思說自己也會放屁跟拉屎。當時雖然有蹲下來的感覺，但我靠著硬撐，撐住了這個我要求的態度，可是，往往在我充分準備來賓的資料後，會發現對方很多事情是有破綻的，之後你就會覺得，他跟你想得不一樣。

我很不喜歡學院的人。在唸電影研究所設置組時，因學分要求被迫去上一些博士班的課。設置組學的是拍電影，對我們來講，電影就是拍出來的，但你進到博士班上課，聽那些博士講電影，完全聽得一頭霧水，不能相信他們跟你講的是同一部電影。他們在電影裡看到的東西，跟你看到的完全不一樣，你可能看到男主角殺了女主角，他卻看到角落有一匹白馬經過，那匹白馬表示男主角對女主角有什麼感情這一類。所以，我從那時就很受不了學院的人，不想泡在學院裡，不想變成宿儒學者，皓首窮經。電影研究所有一句很殘忍的話，也適用於每個行業：做不了這個行業的人才跑去教書（Those who can, do; those who can't, teach.）。他在自己的領域裡很熟悉某一些特殊的、重要的內容跟理論，可是他沒有辦法完成他的理論所推崇的那件事情，所以就去那裡教書。學界很多蛋頭，很笨的，唸書唸到頭腦壞掉。我常常對學院裡面的見解感到匪夷所思。嘿！拜託走出教室看一下外面的世界吧！

為什麼我說主持《康熙來了》，一點都沒有蹲下來的感覺？我想到一個例子，《論語》裡，孔子去跟農夫跟園丁聊天，說如果講到種田的技術，吾不如老農，講到種花的技術，吾不如老圃。種田的人跟種花的人在專業知識上，我是比不過他們的。所以，即使孔子去跟老園丁和老農夫講話，都會發現有一些見識不凡的部分。孔子還講，不以言舉人，不以言廢人。你不要因為這個人講了一句話就推崇他的人格，也不要因為這個人是混蛋就不信他講的話。很多人是混蛋可是講的話偶爾是對的，很多人是聖人可是講的話有時是錯的。我是一個很喜歡跟非學院的人講話的人。

陳文茜：我為什麼會說蹲下來，是因為我對你的來賓名單印象太深刻。《康熙來了》訪問過許純美、柯賜海，但是你從他們身上學到的不是蹲下來，那是學到什麼？

蔡康永：我不覺得你一定要跟別人學到什麼，你光是見識到什麼就夠好玩了。

陳文茜：非常好的態度，這個不錯。

蔡康永：遭到挫折的時候，通常會因為見識到某一個人的力量，讓你忽然醒過來，發現到原來對他來講，這是一件小事。比方說你看到蟑螂，尖叫「有蟑螂」！然後有一個人徒手就把牠打爛，當你看到別人徒手殺蟑螂，你會有一種震撼感，好像突然得到一種解脫，原來對他來講，這不是什麼了不起的事情。這種解脫是不是正面的，我不知道，可是有的時候，我們需要那個東西。所以，柯賜海跟許純美有沒有讓我見識到一些事情，我必須說有。比方說見識到目中無人，這很值得見識吧。許純美可能不認得你和我，也不認得李敖、星雲法師、監察院長這些人，對她來講那都不重要。我不是要大家模仿這樣的人，而是要理解，世界是由不同的人組成，而這些人只是其中之一。

我喜歡寫東西，所以一直處於強烈的不安感。我為什麼要掙脫爸爸給我的那個世界？因為我覺得那個世界只不過是眾多可能世界的其中一個而已，我不想要一直待在那個世界裡面。為什麼跑進娛樂圈？因為我覺得那邊一定很好玩。為什麼我主持金馬有時跟林志玲，有時跟小S，有時我要自己一個人主持。因為我跟自己說，你要一次又一次的拋棄那個已經熟悉的世界。

陳文茜：為什麼覺得金馬五十可能是你最後一次主持金馬典禮？是否希望金馬五十成為你對自己電影夢的一個完美句點？

蔡康永：不，我根本不覺得那是我的電影夢。那是用來榮耀那些電影人的，與我根本沒有關係，那是他們的榮耀。

陳文茜：這可能是你成功的原因。你在很多時刻，想到的是他人的榮耀。這次對談訂的題目叫「給年輕人的短信」，我想大家都從你身上學到了這點。你在處理很多事的態度上，都是輕輕悠悠的。

蔡康永：這次文茜要跟我聊天的時候，先和我通了電話，她描述了一下我的人生，想幫我做一點小結論，但最後好像沒有說出口。我掛掉電話後，我想她是這樣結論我的：隨遇而安。當時我想，隨遇而安這四個字聽起來挺不錯，可是也挺讓人難過的，因為充滿了無奈的氣氛。如果我有短信要給別人的話，會是「隨遇而安」這四個字嗎？

人生一定是「隨遇」的。文茜訪問過許多了不起的人，或是我在《真情指數》訪問過的了不起的人，但沒有人會認真告訴大家，我們在人生當中如果有幸得到了一點點的成就，那是上天對我們仁慈，如果有人膨脹到認為一切操之在我，我覺得他是自我感覺過於良好以及太天真。我一進入電視圈，頻道就從無線變成有線。當時第一個成立的有線台是ＴＶＢＳ，我進了ＴＶＢＳ，一路跟著這個轉變在走。後來兩岸可以透過網路看節目時，《康熙來了》立刻有機會被大陸觀眾看見，如果沒有在網路上看電視這件事，就不會有《康熙來了》被看見這件事情，這些都是叫做「隨遇」。那麼，「而安」這兩個字怎麼講呢？我想給大家一點小小的建議，不要把「隨遇而安」當成很被動無奈的四個字，我會把它當成一個非常積極而有樂趣的字。

「隨遇」是一定的，人生就是隨著我們的機遇在往前走，可是「而安」的安，應該把它當成是一個主動的動詞，你碰到什麼機遇，就要把它搞定，「安」就是把它搞定的意思。所以，不要倒過來想因為無可奈何，我只好接受命運的安排。

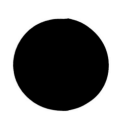

陳文茜：我主持一個節目叫《文茜小妹大》，康永大概因為有一點信任關係，看到節目的通告就來了，結果主持人是個男的，叫李敖，他從此改變了你的人生，可以這樣說嗎？

蔡康永：沒有，他給我帶來一些波折，可是他沒有改變我的人生。

陳文茜：那時我有事不能主持，李敖幫我代班。我不在現場，不知道當時發生了什麼事，只知道製作人在李敖的命令之下，發了蔡康永做來賓。李敖主持的《文茜小妹大》到底發生了什麼事情？

蔡康永：李敖跟我聊一些不同的內容，後來他忽然很開心地看著我說：「蔡康永，你是不是喜歡男生？」我看著他說：「你要幫我介紹嗎？」我認為這是一個非常輕鬆的問答，誰知道播出後引發軒然大波，上了報紙頭版，出現各式各樣的報導，好像把這當成是一件很了不起的事。可是對我來說，只不過是我告訴他，或者不告訴他而已。我根本沒想要引起什麼新聞波動。

陳文茜：因為你根本不知道是他主持的。

蔡康永：就算是妳主持，妳問我，我也一樣會回答。

陳文茜：我很尊重人，如果我要問，通常是因為你告訴我你想講。但我知道他當時逼問你的方式是：「你說，你敢說，你是不是喜歡男人，你講清楚！」他一定是這種口吻，哪像你講得那麼溫柔。

蔡康永：李敖要問一個他很自鳴得意的問題時，一定會流露出那股很得意的笑容，就是「我逮到你了」。他沒有溫柔，只是有一種很樂的、「掉到我陷阱裡了吧」那種感覺。

陳文茜：一般人遇到這樣的狀況，會覺得有一點不舒服，因為你並不是有備而來回答這樣一個題目，而且在台灣社會，這樣的一個答案，不算所謂正確的答案。一般的說法就是正式出櫃，正式公開性向。後來我打電話跟你說不好意思，結果康永說，我父親很喜歡李敖，如果他在天之靈，知道我在某一個場合某一個人的逼問下，必須說出這個話，而問我的那個人是李敖，他會開心一點。接著康永又說，對我而言，這何嘗不是一種解脫，可以從此很簡單地過我的人生。

蔡康永：其實這個問題，不管誰來問我都會回答。所以我有點慶幸是一號人物問我的，如果是隨便一個不重要的人問我，我也得回答的話，就會覺得有點可惜。所以李敖問的時候，我就覺得好好玩。當時的感受是「原來落在你手中」。就像看莎士比亞的《凱撒大帝》，凱撒被殺，是他的親信在他背上捅了一刀，他轉過身來看他說「原來是你」，然後就死掉了。

這當中有一部分非常詭異，帶有一絲對命運的嘲弄，「原來是你下的手」。我從不打算要隱瞞這件事，只是在等哪一天有人正面問我，我就正面回答。再者，我其實沒有感覺到在台灣社會中講出這樣的話，會受到很大的壓力。我的精神狀態有一個非常古怪的部分，常常不覺得我活在台灣社會，這是我自得其樂的重要方法。每當台灣發生任何可怕的事情時，我都想還好是在台灣發生。雖然我也在台灣，可是必須常常把自己拎到旁邊去，才能夠保持繼續在這個地方跟大家相處下去。

陳文茜：有傳言說你遭到中國大陸節目的封殺，跟你在這方面的表態有關，畢竟對藝人來說，廣告代言是很重要的收入，這是很實質的Big lost，很大的一個失去，有些人是會憤怒的。可是我沒有看過你憤怒的樣子。

蔡康永：我其實是脾氣不好的人，要看我憤怒很容易，到《康熙來了》化妝室就能看到。至於我是否因此遭遇到什麼巨大的損失，最近我去辦簽書會，看到我的書被擺在書店最好的位置，擠掉了那些多年來埋首寫作、十年才出一本小說的作者，而我的書卻被擺在很顯著的位置，心裡都覺得我一定要藉由我的能力去推薦一下好的書，來平衡一下這些名人出書排擠掉好書的荒謬事情。

陳文茜：意思是，你不會去看你失去了什麼，而是看到你已經得到了什麼？

蔡康永：如果把我當成娛樂圈的人，得不到代言，我可能會感覺到巨大的失去。可是妳跟我都不是娛樂圈的人，所以我怎麼能夠把自己跟明星們放在一起，問某個洗髮精為什麼是他代言而不是我。

我那種格格不入的感覺必須是一致的。對我來講，格格不入很重要。我知道別人不是用這種方法生活，但這是我家庭給我的一個特殊背景，我把它當成養分，雖然有人覺得這是一個詛咒，但我覺得，那是使我不陷入娛樂圈遊戲規則的重要方法。即使看我主持金馬五十，都會看見我有一種不太在乎的感覺。那些都是大明星、大導演，得過很多獎，可是孟子說：「說大人，則藐之。」不是藐視他，而是你在跟他講話時，必須不把他放在眼裡才行，那種不太甩對方的態度，是主持人非常重要的態度。你太在意對方，就無法問出該問的事情。

陳文茜：所以你不會跟年輕人說，一定要按照社會的某些軌道、某些方式，一成不變地活下去，某個程度大概注定會變成平庸的人。你就幾乎像跳棋，跳來跳去。

蔡康永：我甚至會提醒大家，如果你只懂得自己專業內的事，我想你不會變得太厲害。

金庸的《天龍八部》有一個角色，吐蕃國的國師鳩摩智，他去少林寺踢館，要少林寺裡會七十二門絕藝的和尚出來跟他較量，比比看誰會的絕藝比較多。少林寺羅漢堂的大和尚們就出來跟鳩摩智比武，但是七十二門絕技並非全都有人學會。鳩摩智問，小無相神功不會嗎？我使出來給你們看一下，就把手放在袖子裡面抖一抖，接著袖子上就被他穿出一個一個洞來。少林寺幾個大和尚全部臉上變色，想說天啊，少林寺沒有人練成小無相神功，竟然被一個吐蕃國的國師練會了。這時虛竹小和尚衝進來說：你這不是少林寺的武功，你只是用你的武功在演少林寺的絕技而已。那些大和尚才鬆一口氣，發現鳩摩智是騙他們的。可是，鳩摩智終究是把少林寺的和尚們打敗了。

我為什麼要講這個故事？如果你從小就立志當主持人，於是學習主持，模仿檯面上所有主持人，看他們怎麼主持，你會的就只是主持人這一塊而已。再怎麼厲害，不過是這些主持人的翻版。文茜為什麼厲害，因為文茜不是主持人，所以文茜的主持才厲害，她用來主持的，就是鳩摩智拿來壓死少林寺和尚的內功。我也不是學主持出身的，沒有人會因為你學主持就變成好的主持人。

所以，如果你需要一個專業，應該了解在你的專業範圍內，會有很多別的世界的人跑進來，他們最後都會是厲害的人，因為他帶了這個領域裡大家都不懂的事，將這個世界重新整理出它的脈絡，所以如果你有志於某個領域，千萬不要只滿足於這個領域的專業知識。

陳文茜：康永不希望我定論他的人生，因為他覺得他還會有下一個版本。你說從UCLA唸完電影後，一直想要寫腳本，接著就表現在你書裡的愛情短劇，把文學跟電影腳本做結合。當你告訴我最近在忙著拍電影，有一句話我還滿感動的。你說，人在太年輕的時候就把自己的夢完成，不是一件很精采的事。

蔡康永：我其實滿願意跟大家提醒一下，有好多人都喜歡引用張愛玲的一句話「成名要趁早」。每次看到有人引用張愛玲這話，我就想為什麼？張愛玲的人生很棒嗎？張愛玲的人生糟透了。你怎麼會用一個人生糟透了的人描述人生的話來做為你的座右銘呢？張愛玲是非常棒的小說家，只此而已。我完全認同如果你想寫小說，要去看張愛玲的小說，體會她為什麼把小說寫得這麼好。可是張愛玲對人生的建議，拜託，張愛玲把自己的人生搞得亂七八糟。所以，不要亂引用名人講的話，就像我談到不以言廢人，不以言舉人，不要把人跟言混在一起。

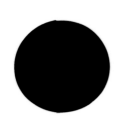

張愛玲這句話是很迷人，她也成名甚早，可是她的人生並不令人覺得幸福愉快。所以我要提醒大家一件事情，在網路上面發言的人，常常都是對文字有掌握能力的

人，對文字有掌握能力的人常常是文藝青年，文藝青年的人生常常很可怕，所以，不要輕易相信那些常在網路上寫東西的人講的話，他們只是愛講話而已，不是他們很有本事，講出對的、有智慧的話來。很多沉默的人是過得很好的，他們只是不善於整天在臉書上一小時發一篇文章。這是我給年輕人的第一個建議。

第二個建議是，張愛玲成名甚早，後來呢？最近有一本很殘忍的書，是張愛玲跟夏志清教授之間的書信來往文集。她一直寫信跟夏志清說，我最近被螞蟻跟蟲騷擾，必須搬家。如果這事情只出現一次，我會相信，可是同樣的內容，張愛玲給夏志清寫了很多次。一個人不會一直遇到螞蟻跟蟲，不然就是她的狀況有問題。當然很可惜，一個這麼棒的作家流落在異國不被賞識。她後來的夢想是什麼？是把她的小說翻成英文賣給美國出版社，但沒有成功，這帶給她很大的挫折。你讀張愛玲就知道，她的文字翻譯成英文會流失掉非常多美麗的部分，所以能夠理解當時美國出版社的編輯們，可能不太能夠欣賞她小說的美好。

我舉張愛玲的例子來回答文茜的提問：沒有道理夢想要在一開始就統統都搞定。你要給自己人生保留不同的樂趣，在不同的階段搞定，那個時候你就會感覺到自己存在的樂趣。所以，年輕人就搞定現在的事情。如果有夢想尚未完成，不要著急，可以等到對的年紀，你終究會讓它發生，可是你要不斷地靠近它，這點很重要。你不用急著完成你的夢想，可是你要不斷地靠近夢想。我從美國學完電影回到台灣時，

「隨遇而安」，人生就是隨著機遇往前走，當你碰到什麼機遇，就要把它搞定，「安」就是把它搞定的意思。

我一直靠近的夢想是講故事。我很愛講故事，不管是透過演講、寫作、拍電影、做節目都沒關係。透過講故事帶給別人快樂跟力量，是我一直想做的事情，我從來沒有離開過這件事。

陳文茜：所以，不必急著完成，可是要不斷地貼近你的夢想。還好，我的夢想還沒有完成，所以我覺得好像還有一條長長的路可以去追，那是很棒的事。

康永提到張愛玲，其實張愛玲的時代跟我們是完全不一樣的。她能夠敍述的故事，是那個年代的上海租界，戰亂的中國，所有的愛情的不可追回，說了一些時間的問題，一些歷史傳承的東西。她非常的中國，非常的某一個世代，因此她很不屬於跨越西方跟東方的語言。她在天津殖民地長大，後來到上海特區、香港，最終又嫁給了一個美國人，她想尋求的是西方對她的肯定，但她是那麼的中國，那麼的上海，所以離開上海，她再也沒有寫出一個好的作品。

現在的我們其實很不一樣，譬如在網路上，就是康永講的很會寫文章那種人，他們説台灣跟中國大陸的經濟連結得很深，我們的工資變那麼低，就是因為對中國大陸出口太多的關係。可事實上，我們都知道，如果這一世代的人懂得創作，而你的創作本身帶了很強的東方元素，你再也不用變成張愛玲去渴求西方對你的認同。

蔡康永：文茜提到的這事情有一個很重要的訊息。李安回來擔任第五十屆金馬獎評審團主席的記者會上，有一個美聯社記者提問，還特別請李安用英文回答。記者的措詞內容大意是，金馬獎似乎是華人世界裡面非常重要的電影獎項，現在李安擔任評審團主席，有沒有想過要怎麼樣讓好萊塢的電影圈也能夠認同華人電影所認同的成就？李安當時回答：我覺得沒有必要讓好萊塢認同華人電影圈的成就，華人電影圈的市場可能會以很快的速度超過好萊塢的市場，到時候他們就會認同了。大概是這樣的答案。這是很實際的答案，以李安在電影工業裡的經驗、地位跟知識，使他有足夠的證據做這樣的回答。

我想講的事情也一樣，曾幾何時，會中文這件事情變成了一個優勢，這是我看到人們對現況很多抱怨的同時，很少會深深感謝的一件事。這可不是我們的功勞，我們會中文是因為從小被逼著學中文。我們都曾經痛恨老師叫我們把某個錯字罰寫五十遍到三百遍。可是曾幾何時，會說中文跟會寫中文，會用中文明確的溝通跟表達事情，變成了世界上其他語言的使用者目前想要急起直追的一個能力。

我印象很深刻，文茜有次在報上寫了一篇文章，跟大家說英文有多重要，如果不會英文，你要錯過多少的資源。可是我們現在有一堆懶惰鬼，在不會英文的情況下，索性我們還會中文，結果撿到了一個這麼大的便宜。我不是想要很功利的講這個部分，只是想告訴大家，隨遇而安的那個隨遇，現在正發生在我們身上。各位會中文都是靠著機遇，不是你們努力得來的結果，可是善用這個機遇卻是我們可以做到的。在抱怨競爭的同時，要理解你也加入了一個更大的戰場，更大的戰場就意味著更大的戰果，所以不要輕易的輕視自己被賦予的優勢，而只看到那些劣勢。

（二〇一四年一月九日）

青年提問

提問　大家說這是一個浮躁喧嘩的時代，請問要怎麼保持寧靜的思考狀態，才能不斷呈現出細膩、溫暖又感人的文字？

蔡康永：不要迷信創作必須在寧靜的狀況之下完成。我認識的所有優秀的創作者，多是在嘈雜不安的狀況下完成作品的，而且不是從現在才有這個現象。

看西方文學史就知道，寫出《雙城記》跟《孤雛淚》的狄更斯，是因為玩股票玩到破產，只好去寫連載小說。看過任何描述莎士比亞人生的電影，都會看到他有多麼計較票房跟酬勞，他拉著野台戲演出的車子，到處演給最市井之徒的販夫走卒看，博取一般大眾的喜愛，這才驚動了宮廷，引起英國女王好奇，來看他的劇。我們被教育得以為作者是躲在書房裡，幽靜地、寧靜地寫下了創世傑作。例如李白的詩很棒，在宮廷裡面混的人能夠寧靜到哪裡去？他喝酒喝成那樣子，整天跟宮廷裡的人打交道，但他的一言一行那麼迷人，是因為宮廷的人可能很拘謹古板，見識到了一個瀟灑的才子，然後羨慕他、嫉妒他或是愛他。

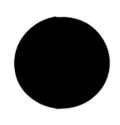

我們很容易貴遠而賤近，認為現在很嘈雜，但我覺得人始終是活在嘈雜之中的。人沒有辦法活在寧靜的狀態創作，但也不要認為我們是在一個特別艱難的處境下創作。

很多人問我，網路上的文字都好短，是不是使得現代人的閱讀能力變差？我反而覺得，因為文字很短，在手機、電腦上隨時都可以看，文字跟人的距離變近了，人們不再像以前那麼害怕文字。以前去書店買一本書，很慎重地翻開來，才發現自己能夠閱讀，現在一打開手機看臉書，就知道原來我讀得懂文字，甚至有時候寫個狗屁不通的三五句話也有八十個人按讚，就很欣慰原來我也會寫字。所以，嘈雜不安的環境反而給了我們一些信心，讓我們跟文字的距離變近。

陳文茜：好像從出生到現在，每一個年代的人都說這是個嘈雜不安的時代，這是一個最壞的時代。到這個年齡了，真的經過了好多號稱最壞的時代，每個最壞的時代也都有一些人出來說，這是最壞的時代也是最好的時代，諸如此類的話。某個程度來講，沒有一個時代是安靜的，因為安靜從來不會存在在一個時代裡，因為世界從來不平靜，世界從來有各種不同的聲音。

我可以在多吵的狀況裡完成創作？有一次，我和康永共同的好朋友莊淑芬，奧美在中國大陸的總裁，她說我寫了一篇好好看的文章〈女人夕陽情〉，問我在哪裡寫的。我說抱歉，是立法院在表決投票時寫的，因為他們吵的架實在太無聊，我就坐最後一排寫稿子。最近，時報出版公司要重新把我跟女性有關的文章挑出來集結，說這篇寫得最好，告訴你，這是立法院寫出來的。

提問

一開始看《康熙來了》時，覺得怎麼口味這麼重，有這麼多的爆點，但是看久了，覺得梗就那些，內心的雀躍沒有了。康永哥曾說，會在合適的時機離開《康熙來了》，是不是在那些梗慢慢窮盡的時候，就是你離開的時機。

蔡康永：當你覺得一個節目重複的時候，就是你離開那個節目的時候，不是我離開的時候。什麼叫作長大？就是我們終於體會到有一件事情不再那麼迷人，有更迷人的事情值得追求。對於所有跟康熙揮別的觀眾，我都充滿了欣喜，很高興你們找到了更廣闊的世界。

好多人碰到我會說，每天都花一小時看《康熙來了》。我嚇一跳，心想你一天有花一小時陪你爸媽？沒有。一天從人家的人生中摘過來一小時，是非常有罪惡感的事情。每一次《康熙來了》的收視率偏低，都是因為撞上了某一齣厲害的劇，比方說《蘭陵王》、《浪漫滿屋》、《半澤直樹》，我們收視率立刻變一半，只好自我勉勵，他們只有十集，播完我們就回來了。《甄嬛傳》也好，《流星花園》也好，有一天，你會跟它揮別的。你會長大，所以，《康熙來了》可不打算陪你一輩子，千萬不要讓我們陪你一輩子，去找更廣闊的世界。

至於會不會感覺到重複？我最近也在想這件事。我只能常常勉勵製作人，好的廚師，每天都面對同樣的食材，你就得給我做出好吃的菜來。川菜也好，上海菜、廣東菜、台灣菜，都是同樣的原料，不會沒事幻想今天要煮海豚還穿山甲。以前康熙能請到文茜、許純美，就好像請到了海豚跟穿山甲這一類珍貴的食材，但不會每天都請得到這麼奇特的人物來上節目。所以，終究要回歸現實，然後重複。

如果有個廚師每天炒菜的時候說，「天啊，我又在炒豬肉了，我真的很厭倦炒豬肉。」那就是他離開廚房的時候。可是，如果他還能夠靠著加一點鹽、醬油、糖，把豬肉變出一點新的味道來，他就還沒到離開廚房的時候。太陽底下的事情，重複不變。不要認為你的創意是前所未有的，如果你這麼認為，只是你讀的書不夠多而已，不是你真的那麼厲害。不要把創新當成一個極端的追求。我覺得創新被過度的高估了，在日常生活中不斷用有創意的手法處理舊的東西，會比一味地追求創新更實際，也更雋永。

提問

請問機會是留給怎樣的人？是不是人生的每一個選擇，都成就了一個不一樣的機會？也讓年輕人跳脫自己的舒適圈，有了不一樣的開始？另外，當遇到流言蜚語時，是用什麼樣的心態來渡過？

蔡康永：選擇跟機會的關係？是不是每一次選擇都造就了一個機會？這些是空的話，放掉它。

清朝末、民國初，有個人寫了一本很有名的文學理論《人間詞話》，作者名叫王國維，他是一個非常好的詩人，寫過兩句詩「人生過處惟存悔，知識增時只益疑。」人生過處惟存悔就是，我如果面臨要選擇左邊或右邊的路，而我選了右邊的路，有一天一定會後悔，怎麼沒有選左邊的路。可是如果選了左邊的路，有一天一定會後悔，我怎麼沒有選右邊。人生過處惟存悔，這是一定的，你永遠都會嚮往你沒有做的選擇。知識增時只益疑，我覺得我沒有什麼資格講，因為我的知識沒有很多。我覺得文茜的知識很多，所以文茜，是不是知識越多的時候，疑惑越大？

陳文茜：知識越多的時候，越不敢對一件事情下定論。當你對一件事情知道得越多，你就知道，太快、太簡單的答案，一定是錯的。

蔡康永：只益疑，就是會越來越困惑。所有成功的人在講解他的成功經驗時，大部分沒有講的是，有時他真的只是運氣好而已。舉個簡單的例子，有人說把小孩送去學費很貴的學校唸書，將來小孩的成就才會比較高。因為根據統計數字，從學費很貴的私立學校畢業的小孩，後來都功成名就，做律師、醫生、企業家。這個統計數據最弔詭的是，會去唸學費很貴的學校的小孩，家裡本來就很有錢，書唸得再狗屁倒灶，他還是很有錢。所以大部分都是假的統計。

我每年都被《蘋果日報》要求推薦十本書，今年有一本叫《為什麼常識不可靠？》，書裡舉了一個例子，我們都愛看氣象預報，如果氣象預報說明天下雨的機率是六十%，那麼明天是要帶傘還是不帶傘呢？因為明天可能會下雨，也可能不會下雨。很多的預測是空話，不是這樣就是那樣。六十%的降雨機率，我們得到這個數據有什麼意義？所以，選擇造就機會也好，機會給了我們選擇也好，都是空的。人生大部分是隨著能夠得到的機遇而行。我的信仰是隨遇而安，你遇到機會，要搞定它，遇不到，再怎麼會安都沒有用。

陳文茜：康永其實有給出答案。機會給什麼樣的人？就是給懂得搞定它的人。你搞不定，別人會認為你根本沒有得到過那個機會。要搞定，別人才會看見原來他有過這個機會。

蔡康永：至於如何面對流言，我的回答，不是我們對流言蜚語有什麼抵抗力。大家都一樣，我們就是得面對這件事情。需要抗抵力嗎？我覺得不用，學著跟它相處就好了。這界定於你對別人有多重視，像我這種不太重視所有人的人，就覺得還好。如果是陳文茜罵我，我可能就會放在心上，想說「完蛋」做錯了，可是如果是一般人就不管他。

提問：請問康永討厭或比較不欣賞什麼類型的人？像你這樣一個很寬容貼心的人，能給我們什麼建議，好避免成為那一類型的人蔡康永：非常有趣的問題。我討厭什麼樣的人，說出來可能令你很意外，是一個非常任性的答案：我討厭沒品味的人。

陳文茜：什麼叫沒品味？

蔡康永：這就是玄妙的部分，你很難界定品味到底是怎麼一回事，它很神祕，不一定跟那個人的財產、教育有關係。它會體現在那個人在現場時，你是否感覺舒服。如果你感覺舒服，那就是一個有品味的人，如果那個人在現場讓你覺得只想逃離，他就是一個沒品味的人，這是我對於品味的界定。

不要忽略品味的重要。追求品味的樂趣在於你要一直摸索它，才能體會它。就像一個好吃的東西但你吃不到，你就無法形容出它的味道。如何讓自己變成一個有品味的人，沒有辦法靠著一本工具書教你，可是它是一個非常值得追求的境界。好比，失敗的時刻，你怎麼鼓勵自己？在過程中怎麼面對、處理失敗？怎樣去輕輕地面對生命裡的每一個刻痕，面對上一代留給你的很多滄桑，面對碰到一個沒有品味的人時，你用什麼有品味的方式悄悄地離開。

為什麼我常鼓勵大家讀書？因為我們的人生非常有限，閱讀可以拓寬我們的經驗，看到別人的人生是什麼樣子。一有機會看到別人的人生長什麼樣子，就會培養出一種抽離的能力。在失敗中我們會感覺到痛苦，是因為你陷在其中。前陣子小S遭遇到不順遂的事，我傳簡訊跟她說，我們一起來練習，想像十年後我們的人生是什麼樣子。培養抽離的能力，能夠讓我們跳脱當下的痛苦跟挫折，比較容易面對失敗。這個能力不會從天上掉下來，是靠著我們不斷去摸索別人的人生，累積到足夠的信心，知道世上不是只有我一個人活著，還有無數活的可能。那些可能會給我們信心，只要撐得夠久，有一天就會知道，這些失敗和痛苦，都只是過眼雲煙而已。

蔡康永

集搞怪、戲謔、嚴肅於一身的矛盾綜合體。

周杰倫：失敗給我的禮物

- 我如果一直覺得自己可憐，我今天就不會坐在這裡。
- 大自然完了，就去宇宙。其實找靈感對我來說，是很簡單的方式。
- 一個歌曲不會被淘汰掉，就是到了老的時候，大家都還記得那首歌。
- 最重要的是，找到自己的興趣、快樂，然後珍惜一切，家人和朋友。
- 人一定都會有這自卑的時候，但是不用表現出來，不用讓人家同情你。
- 好好享受青春，因為這時是你人生一切環境都最純真的時刻。

陳文茜：他的歌陪著許多人成長，周杰倫要來聊聊他的人生、他的夢想。杰倫最特別的一件事情，是你和媽媽的關係，主要是媽媽保護著你的夢想嗎？你的歌〈夢想啟動〉也和媽媽有關？

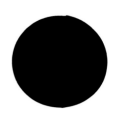

周杰倫：對！也還寫了一首〈聽媽媽的話〉。其實我覺得寫了這首歌之後多了很多媽媽級粉絲。以前大家會覺得自己的女兒、兒子聽這個周杰倫的歌幹嘛？後來因為〈聽媽媽的話〉這首歌，感覺好像扳回一城。

陳文茜：還沒成名之前的你和現在有明顯的差別。你媽媽很擔心你不會跟人家打交道、怕你得罪同事，怕你在唱片公司裡頭不受歡迎。我聽說媽媽每天都會到公司做菜給大家吃。

周杰倫：收買大家。可能覺得公司同事帶我很辛苦，怕我比較不好溝通，所以養成她做菜給公司同事吃的習慣，一直到現在還是這樣。

陳文茜：聽說你都睡在公司、住在公司裡。那時候你幾歲？

周杰倫：十九歲。

陳文茜：那時候吳宗憲覺得你外型不好、口齒不清晰、聲音唱得很差，根本不足以成為明星！但是寫歌是可以的？

周杰倫：完全正確！所有不好的，都在我身上。其實那時候，我最感謝吳宗憲讓我睡在公司，因為公司通常不會讓人家住在那邊。那時就像公司管理員，大家來上班看到我，然後下班，隔天上班又看到我。我覺得晚上在公司做音樂不會吵到別人，不會有人來抗議，而且省了房租，那時候家裡又住得比較遠。所以我真的很感動，不收我租金，讓我睡在公司。

陳文茜：即使你現在已經是天王，聽說你的每一個琴譜都寫得工工整整、非常乾淨。而且你會很在意鋼琴譜是不是你原來彈的，因為你都會給人家Demo嘛。不過，聽說當時你把琴譜給吳宗憲，有一次他把你的東西揉了就扔掉，這是真的嗎？

周杰倫：沒有扔掉這麼嚴重，他委婉拒絕，我覺得非常好。那時我們公司還有另一位剛簽進去的新人，我們彼此都很積極，因為需要一點私房錢，如果這個月歌曲可以被採用，就有薪水了。那時候我也不會跟家裡拿錢。

我知道吳宗憲要進公司了，就趕快在辦公室放剛剛寫的歌，不要讓他覺得很刻意，他一進門就聽到音樂了。好聽的話，他就問這是剛剛弄的？我說對，剛剛弄的。不好聽的話，他就做他自己的事，然後就出去了。我很感謝他，有時候一張專輯採用了大概我五、六首歌曲，那時候很少會有歌手這樣大膽地用新人的歌曲，這部分我真的很謝謝他。

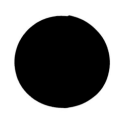

陳文茜：外界故意把那個時期的你講得很悲慘，把吳宗憲講得很囂張，但其實憲哥對你還不錯。他跟你說：「我給你最後機會，你十天之內寫五十首歌。」是不是真的有這麼一件事？

周杰倫：我一天可以寫兩首歌曲，速度其實是快的，但是當然有好跟壞的差別。我覺得其實每個人都可以寫歌，隨便哼唱就是一個旋律，只是好跟不好的差別。那時公司新簽的創作人還有方文山，他寫了很多歌詞，但是沒有曲子，沒辦法採用。我就隨便翻他的歌詞本，隨便翻，然後挑適合的就唱進去了。唱進去之後我就打電話給他，那是我第一次打電話給他，我說我也是剛簽進來的創作人，你可不可以把你那個歌詞字數改一下，他回說你自己不會改？我想說這個人很嗆，後來才知道因為他那天心情不好。怎麼會有人要改他的歌詞？所以藝術家都是很堅持的。這個歌後來丟出去之後，中了！我們是因為這樣開始合作。

陳文茜：我覺得現在很多年輕人有一個集體的現象，就是很多人覺得看不見未來。周杰倫出道的時期，就是所有的人都覺得唱片已經完了，根本不可能有任何希望，然後他跟方文山兩個人就慢慢地開始，之後碰到了楊峻榮，他覺得你可以。要覺得你可以很不容易，到今天為止還有很多人認為你口齒不清晰，你怎麼可以當天王呢？可是他為什麼覺得你可以？

周杰倫：當時他可能想要做一點事情吧！那個時期的創作歌手好像比較少，我寫的歌又這麼奇怪，剛好是當時的一種非主流。他說我說不定可以出唱片的時候，我真的有嚇到。並不是說自己可以當明星，覺得很好玩，不是！而是我那些應該是寫給別人但而沒被採用的歌，我可以拿回來用了，我可以賺錢了！我的重點是這個。所以我就把一些別人沒採用的歌重新變成一張專輯，第一張專輯就是這樣出來的。

老實講真的看不見未來，那時候，我守著廣播電台，看會不會放自己的音樂。我還記得DJ Dennis，他很喜歡放R&B的歌曲，那這個專門放R&B的頻道會不會放我的歌？他就放了〈可愛女人〉，所以那時候我有一個「小陶喆」的稱號，十三年前，那時候我就覺得很開心了。

陳文茜：周杰倫那張專輯的音樂風格，跟他的前輩，也是我的一些好朋友像羅大佑、李宗盛這些人完完全全不一樣，周杰倫顛覆了原來的風格，這種音樂風格有RAP又有R&B，更不用提後來還加了很多古典音樂的成分，西洋的古典音樂、中國的宋詞，然後還「耶耶耶～」那聲音到底是你的還是誰的？

周杰倫：我有很多怪腔怪調，我很喜歡在專輯裡面加很多聲音進去，比如環境音，像是〈可愛女人〉裡面有直升機的聲音，然後〈鬥牛〉，不是動物的牛，是籃球的鬥牛，就加入籃球拍打的聲音，加入環境音讓聽眾對於這個音樂更有畫面，所以每一張專輯都會有一個聲音出現。

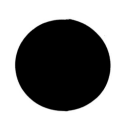

陳文茜：我很好奇一件事，我發現你口齒非常清楚，為什麼你唱歌變成另外一個樣子？

周杰倫：這是一個特色，講話可以很清楚，所以反差會很大。我很喜歡做反差很大的事情。

陳文茜：你從小在這個很重視升學的社會裡頭，爸爸是老師，媽媽也是？媽媽很看重你的天分，很疼愛你、呵護你，買鋼琴給你、大提琴給你，爸爸要你把功課做好，可是你完全違反爸爸對你的期望？很多人都會問〈爸　我回來了〉真的是寫你爸爸？全世界都以為你爸爸是家暴的人。

周杰倫：我要好好再次聲明一下，我不是在寫我爸，我在寫現在的社會、現在的題材，因為我們是需要找靈感的人，所以我常常會從自己的朋友裡面，聽到怎樣的故事就寫進去。饒舌歌曲其實大家聽過很多，在歐美都是用罵來罵去的方式。我覺得要有一個反差很大的東西，我雖然寫饒舌歌曲的曲風很重，但是歌詞要很有意義、要很正面的，這是我很喜歡玩的反差的效果。

陳文茜：你剛剛講到好幾個反差，叛逆、憤世嫉俗，不只西方，其實包括豬頭皮還有MC HotDog他們寫歌都是在罵人，可是你的RAP卻是一種比較俏皮、一種開玩笑的方式，你不太喜歡太具攻擊性。

周杰倫：對，我不太會去做太攻擊性的饒舌。

陳文茜：在成長過程裡頭，如果有些人跟你一樣在功課裡頭很不順遂，在學校裡頭很不順利，他有他自己的夢想，他可能選擇去專注他的夢想，但另外有些人可能會選擇很大的力氣去對抗那個體制，為什麼你沒有選擇這種方式？你只選擇專注於你的夢想而不是去跟不同於你夢想的那些人奮戰、吵架？

周杰倫：我有時候只相信自己，而且我不是那種可以整天待在辦公室的人，我喜歡往外衝。其實你不要看我待在錄音室那邊，其實我也很想往外衝。沒有錢往外衝，待在那邊寫歌賺錢，有時候其實講真的，你要有夢想之前你要先餵飽自己，這個很重要。

陳文茜：那你在學校的時候呢？難道你在求學的過程當中你都不會想要在學校裡頭跟老師、跟學校衝突？就當一個好好的學生嗎？你的表現都跟學校的期望不太一樣？

周杰倫：有時候老師說去打球。我說這麼好？去打球？為什麼？因為怕你待在這邊會影響到別人，所以是因為這樣讓我去打球。我覺得這個也很妙，就是處理問題學生的方式，但其實我不算是問題學生，講真的，只是老師不希望我去影響到現在的同學。但是到頭來其實我現在還是跟老師保持很好的關係，所以不一定是愛不愛讀書的問題，而是每個人都會有想把課本丟掉的時候。

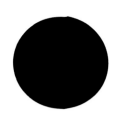

陳文茜：你沒有懷疑過自己說可能是個廢人，這輩子一點期望都沒有？

周杰倫：如果我小時候沒有對音樂這麼有興趣的話、有學音樂的話，講真的，我真的什麼都不能做。

陳文茜：「聽媽媽的話別讓她受傷，想快快長大才能保護她」，幾歲的時候你就有這個想法？因為通常一個孩子儘管很愛他的媽媽，如果他媽媽很寵他，他可能根本沒有想到要愛她，因為他會覺得媽媽對他的愛是很理所當然的，這年頭大多數的人都是這樣。你幾歲的時候意識到這一點？

周杰倫：國中的時候吧！那時候父母離異。因為我是獨子，沒有兄弟姊妹，所以那時候就有這種想法。

陳文茜：你為什麼不覺得我是一個破碎家庭的小孩，我好可憐，我爸媽離異了，我真的是比別人很慘，我是個單親家庭的小孩。你怎麼會想到要快快長大、要照顧媽媽？

周杰倫：我如果一直覺得自己可憐，我今天就不會坐在這裡。

陳文茜：每個人其實都應該不斷地找他自己的夢想，不要不斷地在自己生命裡頭找「可憐」這個字？

周杰倫：每個人一定都會有很可憐的時候，對不對。有時候我也會覺得自己有很悶的時候，然後你又沒有辦法跟別人講，我就用寫歌來發洩情緒，我剛好有寫歌這個能力，就去做，所以我就寫了很多的歌曲，但是你們聽不到裡面的憤世嫉俗，因為我會稍微拐個彎、轉化一下。當然有時候你要去罵一件事情，或是你很不爽一件事情，但又不能帶髒字，因為為了要押韻。其實我也可以做一個很反叛個性的歌手。我就很羨慕阿妹有一個「阿密特」分身，我就開玩笑說來弄一個「阿密倫」，然後全部都是憤世嫉俗的，全是搖滾、重的嘻哈。後來想一想，覺得其實沒有必要。我的憤怒沒有到那個程度，只是因為我寫歌速度很快，當然會覺得一年不要只出一張唱片，會想出另外一張唱片，另一張唱片如果是這種逆向操作應該也滿酷的。只是大家可能會很疑惑，覺得周杰倫到底是怎樣的人，所以這就是我很矛盾的地方。

陳文茜：你為什麼特別喜歡蕭邦或是柴可夫斯基？

周杰倫：蕭邦的音樂我覺得他是很浪漫派的，我當時的鋼琴老師就是教我這些曲子，老師喜歡蕭邦我也跟著喜歡蕭邦，他如果喜歡李斯特我可能也喜歡李斯特。李斯特是比較瘋狂一點的感覺，這就像每個音樂人寫歌的風格不一樣，蕭邦其實真的有影響到我的創作，有一張專輯叫《十一月的蕭邦》。其實就是要告訴我的老師：「你看，其實我還是有記得你，你教我的東西、你教我的古典鋼琴，我有用在裡面。」還有一首歌曲，叫做〈琴傷〉，在柴可夫斯基的船歌中間加一點〈土耳其進行曲〉。

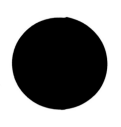

陳文茜：這是周杰倫所有的歌曲裡我最喜歡的，裡頭很悲傷。

周杰倫：那你這樣講其實不是喜歡我的歌，你是喜歡他們的歌曲，因為我是用他們的歌拿來重新編曲。

陳文茜：不會，因為你把古典的東西變成現代，裡頭加你的歌詞，那就是一個人創作上很大的編曲能力。〈土耳其進行曲〉是一個快樂的、可愛的歌，可是柴可夫斯基那個音樂裡頭其實是有一點點悲傷。然後你把這兩個對比互相轉折來轉折去，這個就是天才。我第一次聽到這首歌就說這個人是天才。

周杰倫：我覺得學古典的其實要打翻這個觀念，有時候有些人會覺得學古典的不聽流行歌，然後喜歡流行歌的不喜歡聽古典，其實不是，不是這樣子。我覺得音樂可以去做很好的融合，然後去運用。

陳文茜：聽起來，周杰倫是憤世嫉俗的，他剛剛自己說他的反差，然後他覺得他活在這樣一個各種不同的輿論當中，左也不是右也不是，他不去參加頒獎，人家就覺得他太驕傲，他去參加的話，別人又說他很在乎，似乎是這樣的一個周杰倫對不對？很矛盾。

通常周杰倫固定的舞者班底大概有八個人，但演唱會需要很多美麗的舞者，表演的時候大概是二十四個舞者的規模，其中八個舞者是固定班底，因為二十四個固定班底舞者的費用太高，所以另外那十六個人常常都找臨時的。十六個臨時舞者加上八個固定班底。有一次周杰倫在外地演唱，然後那十六個臨時舞者當中有一個舞者在台灣得了心臟瓣膜炎，好像開刀要幾百萬？你就立刻直接說「我出錢」，是嗎？你為什麼不去問多少錢？你就說：「立刻開，我出錢。」而且你也不怎麼認得這個人。

周杰倫：這個很重要，人命。雖然我是一個憤世嫉俗的人，不過，我覺得人家幫你跳舞，你可以幫當然就是幫。因為我覺得老闆就是要去照顧好底下的人。

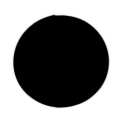

陳文茜：今天的訪問跟我想得不一樣，因為我以為你有一個很不幸的童年、非常破碎的青春，然後很悲慘的出道的過程，怎麼你講起來就是變得不一樣？

周杰倫：大家可以更了解我，講真的，我其實也看到一些網路上面寫我自己的成長故事，根本不是這麼回事！看了自己就覺得想哭，我有這麼可憐嗎？對！根本沒有那麼可憐。

陳文茜：沒有那麼可憐，對。雖然你可以覺得自己很可憐，但你從來不覺得自己可憐，應該這樣說：人的處境會是一種感覺，而這個感覺未必需要跟你的處境一致，處境其實是你自己的感受。你當時覺得這樣經過了，但你覺得很快樂，因為你有一個音樂，那個音樂給你很大的祝福。

周杰倫：當然也有悲傷的時候，只是不會講出來。

陳文茜：初戀？我覺得影響你一生的作品，包括你拍《不能說的秘密》，很大的動力應該來自於你的初戀，而且你八成是被拋棄的一方，我有沒有說對？

周杰倫：嗯，講得滿對。初戀是在國中，但《不能說的秘密》其實是在我高中的學校拍的，所以是不同的階段。

陳文茜：嚴凱泰跟我說一句話：「男人如果沒有被拋棄過，等於是一個沒有疤的男人，他就不是真正的男人」，所以你國中就變成真正的男人了。

周杰倫：我覺得每個人應該都有被拋棄過吧！不要講拋棄這麼難聽，就是抓不透女人的心，我還記得初戀對象是水瓶座的，所以當初遇到方文山的時候，我也覺得這個人很恐怖，因為方文山是水瓶座的。

陳文茜：但你現在還寫歌嗎？

周杰倫：我現在當然還在寫。

陳文茜：你以前一天寫兩首，現在呢？

周杰倫：我現在有時間還是可以寫，寫滿多的。很多歌迷會很擔心，但在創作上我覺得其實完全不用擔心。

陳文茜：對，我不擔心你，可是我也在等待你，就是亦古亦今的周杰倫、又有RAP又有古典音樂、又有宋詞、又有各種不同的元素……有〈以父之名〉又有〈聽媽媽的話〉，然後又有家庭暴力的敍述，又有稻香，他寫很多跟大自然有關的，像〈蒲公英的約定〉、像〈稻香〉，然後還有好幾首，你有好幾首跟大自然有關，像〈七里香〉。

周杰倫：〈稻香〉，對，非常多。

陳文茜：通通都跟大自然有關係，特別是在〈稻香〉裡頭，不斷的告訴大家你只要回到你原始出發的地方，你所有的傷痕都可以得到痊癒，大概是這個意思對不對？但是再接下來，我在等待你的下一個階段，你還能突破你自己嗎？你完全顛覆了華人的音樂，但是你有辦法顛覆你自己嗎？

周杰倫：大自然完了，就去宇宙。其實找靈感對我來說是一個很簡單的方式，因為有些靈感不見得是自己想講，而是別人給的靈感。你只要有一些奇奇怪怪的朋友，他們都可以給你靈感。聽別人的故事，然後寫出來一個創作，所以我在做一張專輯時，老實講，不是有一個方向，而是沒有方向。有時候方文山幫你加分，他的歌詞給了你一個方向，或是像當時的〈牛仔很忙〉，〈牛仔很忙〉就是很鄉村的東西，這就又是一個全新的東西了。關於曲風，我在第一張專輯就設定得很多元。

陳文茜：你會不會覺得成名使你失去了很多？

周杰倫：其實你在被追得很煩的時候，當然會覺得失去很多，但在演唱會舞台上的時候，你又覺得你得到很多，所以講真的，心態一直在變的，很難定義當下的想法。大家都聽著這些你的歌長大，會覺得你得到很多，但是當你又被跟、又被那些記者敲打車窗，就會覺得很煩。所以這就是我憤世嫉俗的時候，儘管很煩，還是要面帶微笑，所以我覺得ＥＱ真的很重要。

陳文茜：如果你六十三歲了，已經沒有狗仔要追你了，你會不會覺得若有所失？六十三歲的你？

周杰倫：我覺得超開心的。

陳文茜：如果我們的年輕人現在覺得他們看不到未來，你會對他們說什麼？他們很愛你，他們可能愛戴你超過愛戴中華民國總統。

周杰倫：每個人的想法真的不一樣，我當然也有看不見未來的時候，但是通常都是在青年的時候比較會發生這樣的情形……其實還在讀書的時候，就真的要好好享受一下校園生活，打打籃球、談談戀愛，老實講，這個校園在保護著你，你出了社會就不是這樣子，出了社會要非常的戰戰兢兢，而差別在於校園會保護你。是不是跟自己家裡拿錢這件事情也很重要，有些人可能就是習慣跟父母拿，當你有一天省思的時候，會需要倒過來，反過來給父母，那時候就會有壓力了。所以我覺得差別就在這裡，當你吃得飽的時候、穿得暖的時候，你其實不會有這些危機意識，在校園裡面其實就是這樣，我覺得就是盡量玩樂。我這樣講是對還不對？其實我沒有什麼真的大學生活，因為我沒有考上大學，所以我當然會很希望如果有一個大學生活，那就盡量玩樂，根本不會去多想。當然課業還是要顧，課業還是盡量去做。

至於出社會的這些打算，我覺得有一技之長比學歷重要，不論在哪個地方。我也在別的學校講過這樣的話，非常優秀的學校，但是我覺得這句話真的很重要的原因，是因為有些時候其實不是看學歷，我也是要感謝父母當時讓我去學音樂，不然現在也不知道要做什麼。

陳文茜：感謝父母。但網路上寫得好像都是你媽要給你學，你爸不給你學，結果搞到後來你爸還罵你媽，然後兩個人吵架，還因為你離婚。所以真的把你寫得很悲慘的樣子，而且把你爸的形象全面醜化，趕快替你爸澄清證明一下。

周杰倫：我爸也很愛音樂，其實小時候是爸爸開車讓我去音樂班學，媽媽在旁邊督促，他們分工合作。沒有為了我是不是學音樂而吵架，沒有這回事。我覺得女生還是會比較弱勢一點，而且爸爸那邊有另外一段新的開始，那媽媽這邊就一直單身，她有自己的朋友圈，所以我覺得自己要保護她，就是在那個時候的想法。

陳文茜：所以國中就已經成熟到覺得要保護你媽媽？可是這並不表示你對爸爸有抱怨對不對？

周杰倫：當然不會，老實講，愛情這種事情，尤其是大人的愛情，我覺得我們小朋友這一代，其實不應該要有任何的怨恨，對或錯，那是他們的選擇、他們的人生，你也不能替他們過。現在我的年齡當然不能像他們這樣子重蹈覆轍，我當然就是要一個完美的家庭，現在真的很多單親。

陳文茜：我不是單親小孩，我沒有爸爸媽媽，我只有外婆。然後我的爸爸是可口可樂，我媽媽是巧克力，然後我三十歲得腎臟病，醫生說不能喝可口可樂，所以我就沒爸爸。我今年得了很特別的一個怪病，一個很嚴重的自體免疫系統疾病，醫生說不能吃巧克力，所以我從今年開始變成孤兒，因為既不能喝可口可樂也不能吃巧克力，什麼都沒有。那你覺得自己可憐嗎？不會對不對？我覺得我自己不能吃巧克力這件事情很可憐，這個要可憐，其他事不值得可憐，我如果可憐我也不會坐在這裡。

剛剛講得滿好的，每個人可以自己圓滿自己，而且你的父母親影響到現在的你，講真的，就是你爸媽是怎麼樣，你可能希望將來我也要跟我爸一樣，將來我也要跟我媽一樣，會有這樣的一個關聯。你會跟你媽一樣嗎？如果你生了一個小周杰倫，然後他投入某一個領域，譬如他變成林書豪好了，你兒子變林書豪，然後他的名字叫周杰倫，然後你就每天為給他送各種菜去巴結他的隊友，你會做這個事嗎？

周杰倫：應該會，可以考慮也不錯。

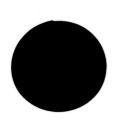

陳文茜：就是你自己小孩不見得要跟你做一樣的事情。所以你會是一個好男人嗎？

周杰倫：好男人？應該會。我覺得也很像，只是時候未到。對！三十五歲（周杰倫與昆凌於二〇一五年一月十八日結婚）。

陳文茜：大家等著看好了，我們不討論愛情問題，我們討論青年問題。我剛剛講了，我們今天找你來，跟我原來想像中不一樣，我以為我會講到他哭了或是你們哭了，結果沒想到他說這沒什麼，這小事情一樁，日子好像這樣就過去了。為了保護媽媽你做了什麼事？你保護她的方式就是吃她做給你的菜？

周杰倫：對，就是這樣子，然後陪她，帶她去我的每一場演唱會，譬如之前去西湖演唱，她就可以去西湖玩一下，其實就是我在工作她在玩樂這樣。她很開心，晚上的時候沒地方玩了，再來聽自己兒子的演唱會，所以還不錯。

陳文茜：有這樣的兒子也真不錯，平常你到處去演唱工作，她到處遊玩，然後晚上來看兒子開演唱會，很開心。平常一樣是媽媽做菜嗎？

周杰倫：媽媽做菜，偶爾輪到一些節日，才會稍微該我做。

陳文茜：你會做什麼菜？

周杰倫：一些創意料理，比較反差的東西，譬如鹹蛋跟雞排擺在一起。我都做一些她平常不會做的東西，她都覺得不錯，會先拿手機把它拍起來。我想得出來的就是這些，我記得還有一些很奇怪的組合，因為那時候我在健身，喝高蛋白，我就把高蛋白拿回家煎，就倒在鍋子上，然後把它想像成煎鬆餅的感覺，因為是蛋白，然後又甜甜的，再放幾個鳳梨、幾個水果，稍微煎一下。她說什麼東西這麼好吃？其實是我的高蛋白，這些都是創意料理。

陳文茜：你的創意料理就是蛋白上面放水果？看起來像鬆餅。水果要切嗎？你要講清楚。

周杰倫：水果當然要切，不是整塊鳳梨放在那邊，水果要切的。另一道菜是把烏賊的內臟掏空，其實很噁心，中間塞海膽醬，那會很好吃。

陳文茜：這個已經算很厲害。你一生最喜歡的曲子是哪一首？

周杰倫：〈雙截棍〉……因為到了六十歲還可以唱。一個歌曲會不會被淘汰掉是很重要的，不會被淘汰掉，就是到了老的時候大家都還記得那首歌，那代表這首歌成功了，所以我覺得到最後可能會是〈青花瓷〉跟〈雙截棍〉，會比較被記得住。

陳文茜：〈青花瓷〉跟〈雙截棍〉，不是〈稻香〉？

周杰倫：〈稻香〉其實比較像是一個療傷歌曲，當時有太多看了很不舒服的新聞，我想來一點溫暖人心的歌曲。

陳文茜：〈稻香〉當然也是一個經典，那是二〇〇八年的時候，你看，我算是你的歌迷，記得很清楚。

周杰倫：剛才講到〈琴傷〉，我自己都覺得是很冷門的歌曲，代表真的有在聽。

陳文茜：那個琴是鋼琴的琴，我每次聽這首曲子都覺得那是周杰倫最好的一首歌，不是因為那裡頭的古典音樂，而是我所看到的編曲功夫，整個曲子的創意，它的反差，把快樂的、悲傷的音符，把現代跟古典的東西立刻轉換過來，所以我絕對相信你可以不斷地「周杰倫」下去。

周杰倫：二十六年以後，換句話說，三十四加二十六（周杰倫當時三十四歲），六十歲以後我就不敢保證了，那不是作曲的問題，可能變成像艾爾頓強的問題，就是胖，所以我要稍微維持一下。我覺得應該是會繼續唱下去，唱到不能唱為止。

陳文茜：最後唱到不能唱為止。這是我本來要問你的最後一句話，我們有默契。前陣子「文茜世界周報」訪問了一個人，這個人是哈佛大學最著名的教授之一，他的課程是線上教學，他叫克萊頓．克里斯汀生（Clayton Christensen），他的書比較多人知道，他寫了一本書叫做《破壞式創新》（*disruptive innovation*），他在哈佛大學教的課就叫做「破壞式創新」。所以不管是韓國的李明博、新加坡的李光耀，還有他的兒子李顯龍，他是非常多的重要的國家領導人的國師。還有很多企業認為他是全世界最有影響力的商業思想家，然後他就給自己破壞式創新。

他在哈佛大學教課，這麼受歡迎，如果有一天線上教學人家不要我了，那我就是破壞我自己。可是真正的破壞式創新來了，他先得了心臟病、接著得癌症。他得癌症的時候，做化療剃光頭，因為很愛他的家人，他覺得人生最聰明的投資不是你的事業，而是你的親朋好友跟你的家人，所以他們全家、他的兒子，連他的孫子全部都剃光頭陪他。

第三個破壞式創新，最殘忍的來了，他中風。一個腦筋那麼聰明的人，而且被認為是全世界最聰明、最會講話的人，他突然一個字都講不出來，他的腦筋還在動，他一個字都講不出來。跟貝多芬身為一個音樂家耳朵卻聽不見的情況是一樣的。如果有一天你面臨這樣的狀況，聽不見、創作不出來；或是可以創作但沒有辦法唱，你還有一個方法：叫別人唱，而你在旁邊玩雙截棍，有何不可？或是你學霍金坐在椅子上繼續用那個奇怪的合成器唱，反正你本來就口齒不清。這樣講也有道理，越聽越樂觀對不對？

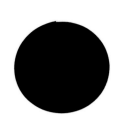

前美國總統柯林頓，之前一個字都不講出來，可是我最近訪問他可以說話了，這次他到台灣來演講，只是講話變得很慢很慢，可是他腦筋還是非常非常的聰明，所以這一點也不影響他的思考。然後他突然覺得這就是人生，他到這一刻才了解人生永遠要珍惜你最後還擁有的，絕對不要去看你失去了什麼東西。所以我看好你，不會有一天不能唱，你最後最倒楣就是學霍金弄個合成機，但你是沒有問題的，不會讓這一天發生，因為你會把身體練很好。

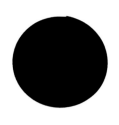

周杰倫：一定要練很好，因為還有很多人在等著我的音樂。

陳文茜：總有的時候會碰到一些不是那麼順利的事，你以前不是那麼順利，可是其實那個不順利沒有太嚴重，你後來太順利了，你會不會擔心你的福分都用光了呢？

周杰倫：沒有。也有不順利的時候，兩場演唱會，萬人演唱會大家都在期待你，但竟然聲音狀況不好，這就是一個，而且兩場連續這樣，我真的已經不知道該說什麼。

陳文茜：結果那一天發生什麼事？

周杰倫：整個表演稍微改變一下。好險，我寫了很多繞舌的歌曲，我都用唸的，我就用唸的。講真的我那時候唱了〈以父之名〉，然後〈夜曲〉，就前面都是用唸的，還有我自己的師弟妹幫我一起，然後變成我唱和聲了，全場大家一起合唱，下面的人幫你唱，覺得很感動。

當你要唱高音的時候，卻沒有聲音、唱不上去了，交給大家來唱其實是一種挫折，因為我從來沒有演唱會遇到這樣的情況，可是當舞台下的人跟你一起唱，這怎麼叫挫折？那時覺得好溫馨。

陳文茜：當你不行的時候，你才知道有多少愛你的人，對不對？當你真的挫折的時候你才知道這個世界上你有多少朋友，有多少愛你的人。所以有的時候上帝讓你摔跤，是讓你知道已經有多少人站在旁邊要把你扶起來，不是嗎？

周杰倫：對，沒錯！而且演唱會到最後結束時，我還多唱了幾首歌曲，真的是這樣，慢慢有聲音了，我覺得很特別。

陳文茜：每個人都有天分，只是呈現方式不一樣。很多人都會寫歌，但可能沒有一個很好的平台，也不是每個人都是吳宗憲，都可以發掘到你的才華。

周杰倫：對。當時我去參加一個比賽，就像現在很多的選秀比賽，也是因為這樣才出道唱歌。還在讀書的朋友，現在真的還不需要恐懼，讀書的時候才是快樂的，也不要在乎薪水的高低，最重要是找到自己的興趣、快樂，然後珍惜一切，家人和朋友，這很重要，這就是我在〈稻香〉裡面寫的，珍惜現在。雖然我沒有經歷大學生活，但我剛剛就講了，當你們出了社會，真的會很懷念學生時代，而且以後在跟自己的兒女話當年的時候，一定都是講學生時代的事情，而不是上班時做了什麼，我覺得大家的記憶一定都是保留在學生的時候。所以人在年輕時好好享受青春，因為那個時候是你人生一切環境都最純真的時刻。

陳文茜：出社會之後，只要是有興趣的事情就不要在乎是不是辛苦，也不要在乎薪水多寡，是不是這樣？當然，能夠有機會讓興趣跟能力、天分有一個平台，這個最重要。

周杰倫：這個最重要。不能做得很悶，如果做得很悶就待不久，只會一個工作換過一個工作，換來換去而已，到最後變成打工了。所以做人不要很悶，找到自己興趣，不要換來換去，感恩所有給你機會的人，哪怕那個機會只是一點點，然後慢慢、慢慢累積自己。說不定有一天你也變成另外一個周杰倫，已經準備好上台了。

（二〇一三年十一月十九日）

青年提問

提問 大家都知道你最愛的人和最重要的人是媽媽，如果有一天你結婚了，有自己的小孩，你希望他聽媽媽的話還是聽爸爸的話？

周杰倫：聽爸爸的話吧！

提問 我兒子從五歲開始就很喜歡你了，因為我跟我先生就是一直聽你的歌，如果你的孩子很乖，可是比較不喜歡唸書，如果我叫他唸書的話，他會跟我說媽媽人家周杰倫也沒有唸大學，他大學考了兩次也都沒有上，請問杰倫，如果以後你的孩子這樣問你的話，你該如何回答呢？

周杰倫：老實講，這個真的很難回答。我當然希望我有讀過大學、擁有大學的生活，其實這一點就夠了。想像一下，先不要想功課學業，先想的是你的大學生活，那些朋友一起騎摩托車去陽明山、夜遊或者其他的事……。另外，其實像剛剛提到CNN的訪問，我覺得如果我英文更好再來訪問會更好。所以聽媽媽的話很重要，就是因為她走過的路比你走過的還更遠。

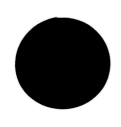

提問 你對《天台》這部電影下了很多工夫，大家都看到了，在《天台》這部電影之後，還有什麼想法？下一部電影的創作？

周杰倫：很多的劇本、很多的故事都在我的腦海當中，但是執行一部電影花費太久的時間、太多的精力，所以兩年拍一部電影剛剛好，目前還不會有電影的計畫。

陳文茜：你最想合作的導演是誰？

周杰倫：導演？我自己。

提問 今後有沒有想拿一年或是兩年的時間去哪一個國家進修音樂？或是當導演的打算？

周杰倫：從以前到現在，我最大的進修就是旅遊。如果要我去一個地方學東西，我會待不住。我的很多ＭＶ都是在世界各地拍攝，我覺得這就是最大的收穫。我的進修應該就是這樣吧，到處旅遊。因為我是創作歌手，要的是靈感，這世界上給你最多靈感的是哪幾個地方？在你的記憶裡會是哪幾個地方？有些地方你會有特別強烈的氛圍，像是我家的錄音室吧！我覺得錄音室是我寫過最多東西的地方……那是靠想像，魔羯座的人就是吃苦耐勞沒辦法。

「大自然完了，就去宇宙。
其實找靈感對我來說是一個很簡單的方式。」

提問　你現在這麼成功，有沒有遇到迷惘的時候？……如果自卑，該怎樣去面對呢？

周杰倫：在拍《青蜂俠》的時候，因為不會英文，但大家都對談如流，會覺得自己好像很沒有參與感，一見面頂多哈囉一聲，之後就沒有話可講了。我就開始想，我要變魔術，那我就變魔術，一變魔術就成了全場焦點。所以當你自卑的時候，就是隱藏起來的那一面，就像我，因為我這個人比較愛面子，我就會隱藏這一面然後轉為助力。好吧！那我們現在不見得要講英文，魔術跟音樂是最好的國際語言，然後再接下來就是獻上我的ＣＤ給這些工作人員，隔天他們會告訴你他們聽過了，有些人喜歡我的嘻哈，或是喜歡我的什麼，雖然還是聽不懂，但可以透過他們的肢體語言感覺他們很喜歡我的音樂。這就是出國打拚的感覺，在外地真的很需要家的溫暖，我也會聽自己的歌〈稻香〉。人一定都會有這樣（自卑）的時候，但是不用表現出來，不用讓人家同情你。

提問　三年前我父親去世了，所以我也是單親家庭。想知道您是怎麼熬過這段時間，能給我一些鼓勵嗎？

周杰倫：每個人都會有很低潮的時候，但過了一段時間，你要走出悲情，你要跨過這個圈，當然，我的音樂是你最好的療傷，我的音樂可以一直陪伴你，一直到你之後養兒育女。珍惜現在擁有的一切，生老病死不是我們可以控制，但我們可以控制的是內心的堅強。

陳文茜：我喜歡杰倫今天這句話，我們不能控制別人，也不能控制自己的生老病死，可是只要我們活著一天，我們可以控制自己內心的堅強。然後如果你失去了父親你還有母親，如果你失去了母親你還有父親，如果兩個你都失去了你還有你自己。所以你即使沒有了腳，你還有了手，不要失去內心的堅強，對不對！

周杰倫：不是我自戀，我是講真的，我自己很難過的時候都很想要試探一下我的歌到底有沒有療傷的效果。

陳文茜：你會聽哪一首？

周杰倫：會聽〈陽光宅男〉讓自己很開心，然後〈烏克麗麗〉，心情真的會有轉變。所以，我的歌真的有一種魔力。

陳文茜：有一種魔力在。其實杰倫在華人圈子裡頭紅了十三年，我很多朋友，政治圈的、音樂圈的、藝術圈的，很少有紅了十三年而不迷失自己的，何況是一個二十歲就出道的小孩，他不只是一位很會唱歌的天王，他也是一個很會照顧人的大哥。

周杰倫

從音樂到影像，無與倫比的全才藝術家。

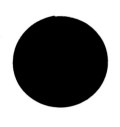

我相信。失敗

陳文茜

時報

當你擁有

愛

你對一件事情擁有無限能量的時候

你會給你自己跟

很多故事找到出口。

劉若英…我相信

□ 可以做自己喜歡的事情，真的很難得，所以不能放棄，真的不能放棄。

□ 慾望和誘惑其實越來越大，要怎麼樣在這些誘惑中，找到自己相信的事情去做。

□ 唯有真的去面對孤獨，全心做一件事情，不管這件事情成功與否，我覺得才會被別人尊敬。

□ 真的很順遂的人生其實滿無聊的，不然你老了以後，還有什麼可以講？

□ 不是我想做什麼樣的事，而是我想做一個什麼樣的人；想做一個什麼樣的人，才會決定你做什麼樣的事。

阿信：我相信

□在我們的音樂裡面，有五月天要堅持的某個部分，那很重要。

□我們做的很多事情，有時候要跟世界對抗，有時候要跟世界妥協。每個堅持自我的人一定要注意，有什麼是你可以妥協的。

□如果你沒有夢想，那就找有夢想的朋友，陪著他一起作夢。很多時候，快樂都是從你朋友身上得到的，而都不是從自己身上得到的。

□其實我在每一次寫歌時，就不是五月天阿信，而是跟十幾年前住在鐵皮屋裡的那個大學生一模一樣，但是多了很多敵人，就是以前的我。

陳文茜：五月天遇到最糟的狀況，簽唱會只有多少歌迷去？

阿　信：我們其實很幸運，在台灣剛出道沒多久，就有很多朋友支持我們。當時幫歌迷簽名，因為真的太多人了，但我們又希望可以讓每個人都拿到簽名，所以幾乎每個人來，我們各打一個勾就讓他走了。但我們第一次轟轟烈烈到哈爾濱時，粉絲只來了二十個。

陳文茜：劉若英，妳剛出道時，簽唱會有多少人？

劉若英：比阿信他們還少。我記得那時有很多唱片行，不像現在，很難找到唱片行。以前一個地區就有很多家，歌手必須每家唱片行都辦簽名會，他們才會進貨，所以每家唱片行都要逗留十五分鐘，再到下一家唱片行。

記得那時去高雄辦簽名會，現場只有五個人來排隊，所以每個人都有充裕的時間跟我聊天，我還可以幫他畫畫，問他唸哪間學校，因為要渡過那漫長的十五分鐘。

阿　信：其實五個人比我們好，因為我們的歌迷是二十個人，除以五的話，每個團員只有四個歌迷，所以我們比較慘。

陳文茜：簽唱會只有五個人來，奶茶，為什麼覺得自己還可以繼續唱下去，而不覺得我這樣丟人現眼，算了。是什麼力量使妳持續下去？

劉若英：我想，即便現在可能不只五個人，但我覺得，如果每一次都很真心誠意地去做一件事情，讓他們也能感受到，我還是相信，五個會變成十個，十個會變成二十個，會越來越多。可以做自己喜歡的事情，真的很難得，所以不能放棄，真的不能放棄。

陳文茜：五月天剛開始成團，是在師大附中吉他社。瑪莎的媽媽以為兒子去練古典吉他，沒想到你們做的是熱門音樂，還把她兒子功課搞得一塌糊塗，她只好想辦法把瑪莎帶到兩廳院裡，看兒子能不能學做可以登廟宇之堂的古典音樂。瑪莎告訴媽媽，這裡的古典音樂只有幾千個人聽，我將來要唱歌給幾十萬人聽的。五月天剛成立的時候，家人很反對嗎？

阿　信：對，當時家人非常反對。出片前，為了不讓我媽發現，我曾考慮把有線電視的線剪斷。

陳文茜：出片是哪一年？一九九六？那是我第一次見到阿信。

阿　信：一九九九年。一九九六年我們剛組團，當時在角頭唱片，只出了一首歌，很多的樂團一起出合輯，我們是其中一首。

那一年，文茜姐是我們唱片記者會的主持人。我印象很深刻，當時在華山辦記者會，我們出場時有點太慢了，文茜姐就說：「來，年輕人跑起來！」我們五個嚇到，用跑百米的速度衝上台。

陳文茜：我當時這麼兇？一九九九年，五月天出了第一張專輯，賣得好嗎？

阿　信：坦白講，一開始真的不太好，後來一直到〈志明與春嬌〉這首歌在電視上播放之後，才開始出現一些變化。

陳文茜：當時樂團已經有點名氣了，在台灣好不容易有一個位置，可是你卻決定去攻佔中國大陸十三到十四億人口的市場。雖然不能說是從零開始，但你在中國大陸跟在台灣的明星級地位完全不一樣，為什麼敢去？什麼原因？

阿　信：坦白講，當時我們去中國，在路上不管怎麼走、怎麼跳，都不會有人理我們。到上海舉辦第一次記者會，其實現場所有記者都不知道我們是幹麼的。他們最常問我們的問題是，我們跟F4有什麼不一樣？因為當年《流星花園》的F4非常紅。

陳文茜：你怎麼回答他們？

阿　信：我們的回答是，現場大家靠得那麼近，你們看就知道差別在哪裡。

陳文茜：我告訴你一個祕密。《流星花園》開拍前，我非常沒有眼光地拒絕了一個角色。那時製作人柴智屏打電話給我，她說，所有演母親角色的演員都已經被定型了，所以我們決定找妳來演言承旭的媽，我說：「去你的。」就把她電話掛掉了。我那時才四十四歲，叫我去演言承旭的媽，真是把我氣炸了。

奶茶，妳曾經告訴我，有個導演說，今天妳的戲演得不錯，是因為妳不夠漂亮，但妳非常地努力。

劉若英：我從小就不覺得自己漂亮，即便有人說我漂亮，我都覺得是一種客氣話。這跟我的家庭有很大關係，因為我的家人們都很好看，尤其是我姊姊。所以，我從小就覺得自己在家族裡是很被忽略的那個。

不過，所謂的電影明星，還是要具備一些條件。我記得剛開始拍戲時，當時中央電影公司的總經理徐立功導演看到我的照片，跟張艾嘉說，原來妳的小漁要長這個樣子。他們找了很多人來選角，一直都沒有決定，後來張艾嘉說她想用我，徐立功導演很誠實地說，去西門町看，有很多這樣的女孩。

張艾嘉說，就是因為她長得很普通，所以很適合少女小漁這個角色。而且我很壯，那個角色是一個大陸想移民美國的女生，移民剛開始都要打很多工，所以壯是很重要的，還有國語要比較標準，我剛好具備了這些條件。

開始拍戲以後，常常聽到很多的攝影師跟導演說我不漂亮，但下一句話都會鼓勵我，就是因為妳的不漂亮，所以我們感覺妳可以成為任何角色，相信妳是我們心目中的那個角色，妳不是女神，不是明星在演戲。

這時我就覺得，我要努力地研讀每一個角色。因為我的不自信、不漂亮，所以我在做事的時候，真的比較用功。

陳文茜：奶茶覺得因為自己不漂亮，所以比較用功。阿信，做為奶茶長期的老友，你怎麼回應奶茶剛才的說法？

阿　信：我這輩子第一次看野生的女明星，就是奶茶劉若英。那時我們去看昇哥（陳昇）在PUB的演出，中場休息時，看到她從樓梯走上來，我們幾乎同時「哇」地一聲叫出來，奶茶她本人非常美，那時我們才知道什麼叫女明星。

我覺得奶茶的意思是，永遠都有比女明星更像女明星的人。其實在這個行業裡，大家會要求你的外表、聲音，那種壓力一定存在。奶茶在我眼裡一直很漂亮，可是跟她相處這麼久以來，我自己的感覺是，你會忽略她的漂亮，因為在她的靈魂和為人處世裡，有一個很強烈、很巨大的部分，你會非常地認可，而且崇拜她那個部分。那叫認真嗎？好像又不止。

陳文茜：阿信唱紅〈志明與春嬌〉這首台語歌曲，一直到征服中國大陸十三億人，後來又寫了很多很棒的歌，像是〈我心中尚未崩壞的地方〉、〈後青春期的詩〉等，你似乎對某些事情有很強烈的批判，你的某些強烈的正面能量，對很多年輕人來講，是非常重要的一種「阿信現象」，你自己怎麼看？

阿　信：我沒有特別怎麼看，因為很多事情對我來講，都是沒有辦法的一個過程。其實五月天剛組團時，我是當第二吉他手。第二吉他手就是不會唱歌、不會打鼓、不會彈貝斯、不會彈Keyboard，而且吉他還彈得比第一吉他手爛。可是，我只要能在樂團裡有一個角色，就覺得非常開心，有時候就只是想參與。

後來主唱跟Keyboard手跑了，男生女生跑去談戀愛，但還是要練團，就得有人唱歌，所以我就唱了。那時我跟怪獸說，我應該也唱不了多久，要再找一個主唱。我們滿常去看其他樂團表演，後來一直沒找到合適的主唱，但不排除是我刻意讓大家找不到。

之後因為某些演出要有自己的創作曲，所以只好硬著頭皮開始寫歌，後來被學校退學要去當兵了，所以被逼著留下自己所有組團時創作的歌曲，接著又不小心把歌送到滾石唱片，就這麼一路走來。

有人問五月天當初的夢想很大嗎？其實沒有，因為當初的夢想，就是希望每一次練團結束後，可以跟這批人一起吃東西、打屁、聊天。

陳文茜：如果碰到歌神張學友，你覺得你是個好歌手嗎？

阿　信：我真的在機場碰過張學友，也鼓起勇氣跟他合照，結果連相機都壞了，沒有合照成功。我不是一個很會唱歌的主唱，所以我能做的就只有事前準備，在作詞作曲上付出加倍的努力，讓唱的內容有可能被大家喜歡，這是我的做法。

劉若英：我對阿信唱歌這件事有很深的感受，因為我們兩個都不是那種很會唱歌的歌手。當然，張學友是歌神，他唱什麼歌我都覺得很有情感，唱得又好。但我發現有些歌手也許唱得很好，音很準，可以飆高、弄低、轉假音，可是我覺得那些歌都不像阿信那樣唱出生命力。即便我自己是歌手，但當我去看五月天演唱會，也覺得可以得

劉若英：「我要努力研讀每個角色。因為我的不自信、不漂亮，所以我在做事的時候，真的比較用功。」

阿　信：「在她的靈魂和為人處世裡，有一個很強烈、巨大的部份，你會非常地認可，而且崇拜那個部份。」

到滿滿的能量跟夢想，我相信聽完這些歌、唱完這些歌詞，就可以完成夢想。

陳文茜：「轟轟烈烈的排行，沸沸揚揚的頒獎，跟著節奏，我常迷惘。當人心變成市場，當市場變成戰場，戰場埋葬多少理想。回想著理想，稀薄的希望，走著鋼索，我的剛強。偉大和偽裝，灰塵或輝煌。那是一線之隔，或是一線曙光。」寫得真好。這是阿信成名之後寫的歌，你在提醒自己嗎？

阿　信：安慰自己。我最近有個很強烈的感覺，大家覺得你是五月天阿信，所以寫出一首很棒的歌應該很容易。其實我在每一次寫歌時，就不是五月天阿信，而是跟十幾年前住在鐵皮屋裡的那個大學生一模一樣，但是多了很多敵人，就是以前的我。要寫得比以前的我更有意思，有不同的見解、不同的主題，而我所擁有的就是一枝筆跟一張紙。有時候會懷疑自己，覺得我到底還能不能寫出更好的歌，所以幾年前就寫下這首詞，安慰、鼓勵一下自己。

陳文茜：奶茶對於哪些影片、角色該不該接、該不該代言，都有審慎的選擇和某些堅持，就像阿信有一段寫得很棒的詞，「無論天后或天王，無論小兵或老將」，其實我們所有的人都要記住，「曲終人散都要蒼涼」。

對劉若英來講，越受到大家的肯定，她對於影片、角色的選擇就更嚴格，嚴格到她得了亞太影后之後，竟有一段時間沒戲可拍，窮到連管理費都快繳不出來？

劉若英：對，其實我那時候已經發唱片了，也很幸運得到亞太影后，但是得獎並不是什麼神藥，不會因為得了就變有錢，或者像大補帖，得了就突然變得很會演戲。我當時還是一個很新的新人，住在一個很小的房子裡，大概有快一年的時間都沒工作，很窮，非常窮。當然，有很多人來找我拍戲，但是我覺得有些戲我做得了，有些我做不了，如果勉強自己做，過程會很痛苦。

陳文茜：奶茶說她窮到每天都在閃管理員，因為人家不相信亞太影后繳不出管理費。

劉若英：對，我朋友找我出去，我說我不敢下樓，後來我朋友幫我把管理費繳了，說妳可以下來了。但是我很感激有那段過程，以致現在當我可以一次把一年的管理費都付掉時，我會更審慎地告訴自己，連那麼苦的時候，我都堅持地做了選擇，更何況是現在。欲望或誘惑其實越來越大，要怎麼樣在這些誘惑中，找到自己相信的事情去做。

我也拍過爛戲，當時在現場我不只想殺了那個導演也想自殺。我到了中正機場，直接就想在那邊上吊。以前我都跟一些比較熟的導演工作，後來覺得跟一些新導演合作，會學到更多東西。我也遇過看劇本時覺得很ＯＫ，但在現場發現跟你想像的不一樣時，並不能跟老闆說我辭職不幹，明天就不來了，你還是得一天一天把它完成。

那個導演跟我之間有一兩個小故事。在沒有簽約之前，我跟他提的所有意見，他都說好，會改。因為我真的很愛唱歌、演戲，對於電影，我是有意見的人。但等到我去定裝時，突然發現導演對我有點愛理不理，我和他討論，他就說：「我覺得可以。」，我說：「可是……」導演回我：「可是什麼？我覺得可以。」那時我應該已經簽了合約，但還沒有寄出去。定裝結束後，我告訴工作人員：「跟公司說合約不要寄出去，我不要拍了。」工作人員打電話回公司問，結果合約當天早上已經寄出去了。那一剎那我才發現，那個導演確定我已經簽約，一定要拍了，因此態度也變了。

後來導演要我加他微博。當你努力在拍戲的時候，他卻在微博上說這餐廳哪個菜好吃，或者他到哪裡玩，我覺得這是很恐怖的一件事。當我很動情地在演戲時，旁邊的工作人員告訴我，導演雖然坐在螢幕前，可是他的手在刷微博。我一氣之下，就把他從微博刪掉了。

我們拍了一個多月的戲，那天拍到凌晨五點鐘殺青，通常殺青以後，導演一定會過來給你一個擁抱，說：「辛苦了。」因為拍戲確實很辛苦，結果導演卻走過來跟我說：「妳為什麼要刪我的微博？」我掉頭回房間就大哭。拍完那部戲之後，我停了很久，這跟我很在乎每個人現在做每件事情到底有多投入，有很大的關係。

很多年前我問過阿信一個問題，當我們很努力地寫下這些文字、唱出這些歌、拍下這些戲，其餘時間該怎麼面對創作的孤獨。阿信那時說了一句話，我很感同身受。他說，有多少人不知道我們犧牲了多少時間，當他們在外面吃宵夜、去夜店混一下、看場電影、去春遊、去海邊走一走的時候，我們只能坐在電腦前，或拿著一枝筆跟一張紙坐在那裡發呆。

很多是公平的，也有很多是不公平的，但唯有真的去面對那個孤獨，很全心地做一件事情，不管這件事情成功與否，我覺得才會被別人尊敬。

陳文茜：我有一段時間在唱片界，得知我們很尊敬的鳳飛飛她最後一張唱片的銷售量，我是傻眼的，很少很少，可能只有張學友的五十分之一。現在的阿信，正是掌聲最多的時候，誘惑也開始朝你而來，你怎麼堅持？

阿　信：誘惑分很多種，例如生活裡的誘惑，舉個例子，冬天的棉被，我覺得就是最大的誘惑。我在錄音室寫歌時，有一張沙發是特別給我睡的，那是整個錄音室裡最短的一張沙發，躺在上面，膝蓋以下都要懸空，當然這不是怪獸或瑪莎逼我的，還有其他的長沙發可以睡。

睡眠的時間越多，用在創作的時間就越少，所以有時就用一些方法來抗拒所謂的誘惑，因為會想睡覺、偷懶、看電視、上網，想跟朋友出去看電影，可是一想到寫完歌後，有多少人可能在這個歌曲裡得到一些東西，就覺得自己不能偷懶。

陳文茜：有一次我在學校上課，談到整個流行音樂歷經了Lady Gaga這種把表演、劇場跟音樂完全結合，甚至到穿上牛肉裝的地步，你還敢做愛黛兒（Adele）嗎？一個胖女人，頭髮、衣服都很簡單，演唱會只拿著一杯水就出來唱歌了，你確認會紅嗎？

每個人都有蒼涼的時刻，每個歌手都有走下坡的時刻，很多歌手都會面臨這個問題。雖然五月天現在很紅，再隔個五年，當社會流行別的東西，有人說你必須改變曲風，但這不是你喜歡的，也不是你的創作，你可以接受嗎？

阿　信：我覺得這個比較複雜。我們做的很多事情，有時候要跟世界對抗，有時候要跟世界妥協。每個堅持自我的人一定要注意有什麼是你可以妥協的。

很多有夢想的朋友們，他們在堅持夢想中遇到很多問題，我覺得大部分都源自沒辦法找出你夢想裡最核心的部分是什麼。只要你願意用不是那麼核心的部分去跟世界交換，其實還是很有機會成功的。在我們的音樂裡面，有五月天要堅持的某個部分，那很重要。

陳文茜：如果有一天，這種音樂風格不流行了？

阿　信：這就沒辦法。為了跟全世界的人溝通，我覺得有些是可以妥協的。好比現在流行用不同的錄音方式把聲音傳達給大家，因為這就是這個時代的最大公約數。就像我不覺得一定只有某一種語言的歌，聽了才會感同身受。我覺得語言只是一個創作的介面而已。

陳文茜：巴布・狄倫（Bob Dylan）有個故事。一九六八年，巴布・狄倫已經被譽為吉他之神，大家對他的歌都很熟悉，有一次他竟拿了把電吉他上台演唱，唱得還滿難聽的，觀眾噓聲四起，他不理會，照唱。如果有一天，你上台演唱，台下的人沒有尖叫，覺得你唱的歌不是他們要的，你會怎麼樣？

阿　信：其實我們遇過這種狀況。那時在北京近郊的大學辦校園演唱會，距離之前提的哈爾濱簽唱會沒多久。現場的觀眾都不知道這個樂團是來幹嘛的，可以看出他們臉上打了一個問號。我記得那天表演的地點是個像羅馬競技場的場地，所有的觀眾位置都比你高，一圈一圈把你圍住。我們五個人在台上只有吉他、貝斯、鼓和很小的音箱。一開始，所有觀眾的手都抱在胸前，那個肢體語言就是告訴你：我不相信你可以變出什麼花樣。當時我們有四十分鐘可以扭轉他們的看法。當然，要用他們熟悉的語言，以挑釁的快歌和溫柔的慢歌去做變化，在四十分鐘裡想辦法說服他，不用語言，就是用音樂。其實每次辦校園演唱會，我們都沒有曲目，而是看現場觀眾對什麼歌有反應，有反應的地方再加強打擊，反應不良的就趕快改變策略，那是我們最基本的武器。

陳文茜：當時唱了什麼歌，你還記得嗎？

阿　信：當時的第一首歌是〈瘋狂世界〉，但是他們最有反應是一首閩南語歌〈軋車〉。我們五個人上台時，真的很害怕，因為去大陸之前就聽說過各式各樣的傳言，例如歌手上台唱歌，大家若不喜歡，就會把礦泉水瓶往上台丟，「下去吧」，要求換一個歌手。

我們連續一個月在大陸十七個城市，做了十七場校園演唱會，每一場大家都是諸如此類的反應。其實我還滿感謝那趟歷程的，因為我們在台灣太幸運了，發片第二個月就有機會到體育館開自己的演唱會。可是，五月天五個人知道怎麼在台上應戰，怎麼變成一個實力堅強的游擊隊，完全是在大陸將近七年的漫長歷程中慢慢學習到的，所以非常感謝這一段。

陳文茜：你出片以後，父母有說什麼嗎？

阿　信：他們當時覺得這群小朋友應該只是玩票性質，玩完了就會好好去當兵。我覺得印象比較深的轉捩點是在第二張唱片之前，當時我們已經辦過萬人演唱會，我爸突然跟我講了句話：「你如果要寫歌，要好好寫，有很多人在聽。」那時我才意識到，他們的心情已經轉變了。

陳文茜：你因此大學沒有畢業？

阿　信：而且沒有畢業兩次。唸室內空間設計系，被二一被退學，轉學考又考回去，然後又被二一退學。

陳文茜：學校沒畢業，父母沒講話嗎？瑪莎媽媽哭了好久，最後她終於相信你們的夢想，被你們說服。

阿　信：我媽也有哭。被二一的時候，我做好心理準備回家挨罵。那天坐公車回去的路上，音樂開得超級大聲，想說如果我有點重聽的話就沒問題了。回家跟我媽講了後，我沒有挨罵，可是我媽做了一件事情，我印象非常深刻，給我上了非常非常好的一課。我媽聽完之後，轉身去浴室用毛巾擦臉，當時天氣並不熱，她用毛巾擦臉，我心想她一定哭了。到現在為止，我還是會為這個畫面覺得非常心疼，當然也希望自己今天所做的事情，可以讓她覺得當時的眼淚沒有白流。

陳文茜：《人間四月天》由奶茶自己選角色，妳選了張幼儀而沒有選林徽音。張幼儀不是天生的美麗，不像林徽音可以到國外留學，回來後有很多人追求。她在那個時代裡，必須扮演一個中國舊時代跟新時代的分裂者，而且還得立刻再扮演一個宣言的角色——她必須跟她的先生離婚。妳選擇她，為什麼？

劉若英：張幼儀是中國第一個簽下離婚協議書的女人。那時徐立功老闆說，有一部徐志摩的戲《人間四月天》想找妳演林徽音，要拿劇本給妳。他很疼我，後來讓我自己選角色。

我很少拍電視劇，那是我的第二部電視劇。我對電視劇有一點小小抗拒，因為播映的時間很長，拍攝的速度很快，一天要拍十八個小時或是三天三夜不睡覺，我不覺得我的速度跟體力可以跟得上。

但那劇本是一個很棒的編劇、寫《臥虎藏龍》的王蕙玲寫的，拿到劇本後，我從晚上八點一口氣看到早上五點。當我看完，闔上二十集的劇本時，我突然發現，雖然一開始就知道我要演林徽音，但為什麼滿腦子盤旋的都是張幼儀。

我一直等到八點公司上班，打電話給徐立功導演：「老闆，我想演張幼儀。」老闆：「什麼？我不是要妳演林徽音嗎？」他說不行，因為林徽音才是主角。我告訴他，不是主角不主角的問題，而是我相信張幼儀。他說林徽音會彈鋼琴、會英文、出國留學，才讓徐志摩這樣為她拋棄了張幼儀。我說對，我就覺得自己是被拋棄的那一個。

他問我為什麼，後來我發現，張幼儀就像我。我的不自信常常決定了我的命運，因為我不自信，所以會去相信我能做得比較好的事情，反正我就覺得我是張幼儀，覺得要我演林徽音一定很辛苦，要很有氣質、唸詩，說我要許你一生，還要划船、要對望，天吶！

後來張艾嘉也打給我，她也覺得應該要選林徽音，戲的主軸確實比較在林徽音的部分，可我就是對張幼儀有感覺。我想可能是因為價值觀，張幼儀的價值觀吸引了我。

我希望人與人之間的關係是：今天我可以是你的情人、朋友、老公、老婆，有時我可以成為跟你借錢的人，有時我可以成為你的債主。我希望跟很多人的關係能夠一輩子，但卻有不同角色的變化，因為不見得每一個人永遠都這麼地好，這麼地風光。

譬如在阿信風光的時候，我選擇遠離他，但我們都有低潮的時候，就會互相問對方：「你需要我為你做什麼？」我覺得這樣的人生態度，比較符合我想要的。當然，林徽音很棒，但我知道她不是我。對我而言，其實不是我想做什麼樣的事，而是我想做一個什麼樣的人。我覺得，想做一個什麼樣的人，才會決定你做什麼樣的事。

陳文茜：〈諾亞方舟〉裡有段歌詞：「如果要告別，如果今夜就要和一切告別，如果你只能打一通電話，你會撥給誰。」阿信，你會撥給誰？

阿　信：我會撥給十幾年前的自己。

陳文茜：奶茶說她會撥給你，怎麼辦？

阿　信：那時候我電話中。

劉若英：妳問我會打給誰，其實從第一次聽到這首歌到現在，我都沒有答案。有時候，早上跟晚上的答案不太一樣。早上覺得這個人不錯，下午就覺得還好，所以，我真的不知道，要等到那一天吧。

陳文茜：阿信今天去開了公視的董事會。為什麼會接下公視董事這個職務？你能為公視做什麼？

阿信：「我們做的很多事情，有時要和世界對抗，有時候要跟世界妥協。
每個堅持自我的人一定要注意有什麼是你可以妥協的。」

阿　信：還不知道，剛開完第一次會議。其實我這十幾年來，從大家身上得到了很多，我常常說五月天的樂器、錄音室的房租、水電費……很多東西的費用，其實都是大家幫我們繳的。如果現在有機會可以為大家做一點事情，我覺得自己一定要去做。

陳文茜：阿信一路走來很幸運，但奶茶一點都不是，妳是從製作助理開始做起？

劉若英：對，製作助理就是訂錄音室、買便當、買檳榔給師父陳昇還有樂手。我記得第一次得到亞太影后時，電視有報導，後來我回到台北，又回錄音室做助理，依舊要去買檳榔，我跟老闆說：「檳榔五十」，老闆看著我說：「妳都影后了，不要吃檳榔。」我才知道過去三年來，他一直以為是我在吃。

但我很感恩，現在看到很多的新人，多多少少對環境有些不適應，或是覺得很辛苦，我都很羨慕他們，希望他們能夠珍惜，因為真的很順遂的人生其實滿無聊的，不然你老了以後，還有什麼可以講？

阿信他其實只是看起來好像很順遂，但他寫不出歌來時，那種痛苦，或者明明感冒了還是要唱歌，大家就說他沒有唱好，他也只能硬著頭皮承受，所以，不是像大家想得這麼容易。當然，我們是很幸運的，因為能夠做自己很相信的事情。

陳文茜：奶茶曾經告訴我，從當製作助理，接著進唱片公司，其實她從沒想過有一天會變成明星，而當她成為明星後，一直覺得心裡壓力非常非常大。奶茶，妳高中唸光仁，後來大學也唸音樂，是嗎？

劉若英：對，其實我一開始真的沒有想很多。我是學古典音樂的，當初要做歌手，對家人而言簡直就是崩潰。祖母不能接受，不像阿信媽媽那樣拿著毛巾去洗臉，我祖母沒有那麼含蓄，是比較「八點檔型」的，她覺得家裡這樣栽培你，你卻要去做個戲子。

陳文茜：妳自己呢？一是家人的部分，二是妳自己也不認為可以做到那麼好嗎？

劉若英：那時只覺得，學古典音樂，不管是蕭邦、貝多芬，他們都是好久以前的人了，他們寫下來的東西，我也彈不過他們，而且那是他們的心情。我想，有沒有可能做出屬於我自己的音樂，可以唱出自己，以及現在還活著的人一樣的心情，所以就很想做流行音樂。當時有很多流行音樂感動了我，激勵了我，勝過於那些古典音樂。

陳文茜：例如？

劉若英：當時的華語歌曲，例如羅大佑，他的歌有很多不同風格，譬如〈未來的主人翁〉、〈鹿港小鎮〉、〈戀曲1980〉、〈家〉。

陳文茜：羅大佑的每一首歌都代表了他不同的面向，我很好奇妳會喜歡他什麼歌？

劉若英：我覺得〈鹿港小鎮〉很激勵我，要自己往前走，思考自己到底處於一個什麼樣的環境。當時創作的歌手非常多，他們的音樂真的影響了我，也影響了我們那個世代。

陳文茜：奶茶比阿信早出道，也早成名，是不是也曾在演唱會中特別介紹阿信他們，有這一類姐弟情深的感人故事嗎？

劉若英：完全沒有這個機會，因為五月天一出道就很紅了，現在都是他帶著很多的師弟、師妹介紹給大家。

很多人以為我們很常聯絡，其實真的沒有，但阿信真的會在你需要時提供幫助。在幾年前我有過很低潮的時候，那時剛好要發《在一起》那張專輯。我情緒非常低潮，雖然每天還是打扮得光鮮亮麗出來做通告，但是我覺得自己罩不住。就在發片記者會的前一天晚上，我遇到了一個我覺得自己過不去的關卡，覺得我第二天沒有辦法出席記者會。可是歌手的發片記者會，主角臨時說不去，這是不可能的事，記者不會放過你，而且該怎麼跟唱片公司交代。

我當時曾跟一些工作人員說，但他們都覺得我只在撒嬌，沒有正視這件事情，覺得反正到時候妳就會去了。可是真的，我就是出不了門。那一天，我打電話給阿信，跟他說我不想去記者會，他甚至沒有問我為什麼，也沒有勸我，只說：「沒關係，反正我們都在這裡，如果妳明天沒有辦法去，就不要去了，我們大家都會替妳去。」

那一剎那，我覺得他給了我力量，覺得我不用怕，因為我有兄弟、有朋友。我要去面對的是外面的世界，可是在我的世界裡，有屬於我自己的靠山，他願意替你去面對。這就是為什麼不管在哪一個階段，我們總是願意互相挺對方。

陳文茜：我覺得阿信有這個特質，也注意到你現在正積極提拔一些後進，你有那種力挺朋友的熱情個性。以此刻你的成就，這麼做其實是很滿特別的，因為你大可以選擇變成一個很任性的藝人，而不是成為去照顧別人的藝人。

我前兩天碰到青峰，他說今年的海洋音樂祭是他十年來唱得最爛的一場，看起來很沮喪，因為剛好碰上聲音不太好的時候，你也遇過這種狀況，想必承受了非常多別人對你的關注。

像奶茶講的，你有很多壓力，好比歌詞寫不出來，但你就是要超越，總有一天，你會成為自己最大的、最難超越的對象。但是，你可以崩潰、可以任性、可以叫所有的人來吼你，但是你卻去選擇去挺別人，為什麼？

阿　信：其實我覺得自己很幸運，受到很多人的照顧，所以覺得我也應該要做一樣的事情。

陳文茜：你不會把這個幸運想成是因為自己很屌、很有才氣嗎？

阿　信：不是，我自己喜歡聽音樂，有很多喜歡的樂團。坦白講，做音樂非常的不容易，有些人連生活都非常的不容易。你明知道有很多的音樂人、創作者、歌手，他們寫的、唱的、演奏的，做任何事情都比你好，可是他們得到的卻遠遠沒有你多，所以我不得不去相信，在這世界上其實還是有很大的運氣成分。

像我跟像奶茶一樣努力的人也很多，每天每天都做了比我們多的努力，可是他們還在夢想的邊緣徘徊，而我們是運氣好的一群。說實在的，我沒有任何理由可以抱怨，沒有任何理由可以後退。

陳文茜：有的人可能並不把他得到的一切視為幸運，雖然也不見得是理所當然，但這往往只是一念之間，譬如麥可・傑克森，他太幸運了，可是他一直在想童年的創傷。你一生都沒有創傷嗎？除了你長得不夠像F４之外。

阿　信：這個創傷很大。至於其他的創傷，我好像都忘光了。

陳文茜：把創傷忘記了，很棒的態度。其實，很多當時覺得非常非常難過的關卡，非常苦澀的回味、吞不下的淚水，過沒多久再回頭看時，想起來就覺得好笑。

阿　信：前面提到簽名會人很少的經驗，其實也不算什麼創傷，我們當時甚至不是辦在唱片行裡，而是在超市的結帳櫃台旁邊。我在各種奇怪的地方唱過歌，有次一家炸雞店開幕，我們就在店門口演出，那時團員還沒有人開車，所以機車的載物量可以到多大，我本身做了很好的嘗試，機車前面可以載一個大鼓，後面可以再載兩個音箱，肩膀上再揹一把吉他，那時做過很多很特別、很好玩的事情。

陳文茜：我回台灣之前，曾在美國的電視台上班，常看到一些全世界都認識的大主持人、大明星，他們出場的時候旁邊都是保鑣，上次Lady GaGa來台灣時也是這樣，她講話就像殺人犯一樣：「你是誰？下一位。」都是這種口氣，非常囂張。

當然，我訪問Lady GaGa的時候，她很客氣。我那時候問她：「妳成名了，距離當時去東村跳豔舞時的妳，非常非常地遠。妳旅行了全世界，可是到底距離妳的人生有多遠？」

我曾思考，這些大明星的人生到底是什麼？但是，我覺得阿信和奶茶都把自己維持得很好，當然出門還是會偽裝一下，但不會把自己搞得身旁都是保鏢，把自己生活裡的每一樣東西都商業化，也不會因為參加某場商業演出，就從頭到腳都穿那個品牌，把每個東西都變成置入性行銷，你們絕對不會讓自己過這樣的生活。但在美國有非常多藝人、名人選擇過這種痛苦的生活，最後走向自殺，某種程度來說，好像選擇一種人生的逃避，其實跟這個部分有很大的關係。請問阿信，你只要在臉書上發言，經常有幾千、幾萬人按讚或分享，在眾人的掌聲中，你怎麼做到不迷失自己？

阿　信：坦白講，如果你身邊的朋友是瑪莎、怪獸、冠佑、石頭這樣的人，你也很難把自己當成超級巨星，當然不是說他們不好，而是，譬如我去錄音室，如果穿了一身現在身上的靴子、西裝，一定會換來一陣訕笑，他們會說：「小朋友，現在是怎樣？」他們的用詞可能更直接。

如果錄音錄到一半，大家肚子餓了，就會討論現在要吃什麼，去麵店或是買便當，甚至我們都自己去買，因為別人幫你買的話，就不能選口味，而且如果要吃兩份的話，更得自己去。當你離開錄音室，走在街上去買便當，給怪獸買一份，給瑪莎買一份，給自己偷買兩份，當時的心情就是爽，因為我吃兩份！

那也是一種生活樂趣，尤其是你希望寫的歌能跟大家有共鳴的時候，我覺得那很重要。以前大學上安郁茜主任開的基礎設計，我學到一句非常有用的話，她說：「你的創作嚴重地反應出你的生活經驗，如果沒有生活，很難有經驗可以寫出能讓大家願意相信你的創作。」

陳文茜：你懂得盡量維持很多事情自己做。劉若英自己做菜，她很會做菜的。你自己做菜嗎，阿信？

阿　信：我會啊！泡麵加蛋。如果要做得好吃，真的有很大學問。

陳文茜：願聞其詳。

阿　信：第一個是水一定要夠熱，水不夠熱的話，麵吃起來會很奇怪。第二個是調味包一定要先放，不然麵吃起來沒味道，但是湯很鹹。如果有加蛋的話，最好要把碗蓋先撕開，再放進微波爐裡，不然蛋不會熟。

陳文茜：〈諾亞方舟〉的歌詞有一句是「再見，那麼多名車、名錶、名鞋，最後我們只能帶走，名為回憶的花園。」前面寫的是「再見，草莓甜甜圈」，你怎麼不寫泡麵，我很好奇，怎麼會有一個男人寫草莓甜甜圈？

阿　信：因為我想要跟大家溝通，尤其女生應該不會希望看到我歌詞的第一句就是「再見，統一肉燥麵」，雖然說那也押韻，可是有點煞風景。

青年提問

提問 你們常鼓勵大家勇敢追夢，對我來說，追隨你們就是我的夢想之一，可是我身旁的人都覺得我太瘋了，好像我做了錯事。請問阿信，你對這樣的行為有什麼感想？

阿信：我也覺得。

陳文茜：我要告訴你我這滄桑老女人多年來的心情，男人要拒絕女人的時候，不可以只有短短三、四個字，要長一點點，不然她心靈的創傷會很深，雖然過幾年，她也會覺得很好笑。

阿信：當然，還是非常感謝你對五月天的支持，但無論如何，與其把我們變成你的夢想，我們更希望變成你夢想裡的背景音樂，你可以去做你想做的事情，可以飛、可以跑、可以跳、可以去旅行，也可以去學做蛋糕或麵包，但是五月天，就是你夢想裡的背景音樂，不是別的，只是音樂而已。

提問 阿信你這麼紅，你真的很快樂嗎？

陳文茜：這很子彈式的問題。阿信你這麼紅，你真的很快樂嗎？奶茶，妳快樂嗎？

劉若英：快樂啊！快不快樂跟紅不紅，我覺得是兩回事，有些人很紅但不快樂，有些人不紅但是他很快樂。

阿　信：坦白講，我不覺得五月天有什麼紅跟不紅，但是我過得滿開心的。謝謝你們讓我們那麼快樂。

陳文茜：謝謝你讓他們那麼快樂。這麼多年來，我覺得阿信是很特別的，不管名聲成就如何，他其實一直都是他，阿信一直是這樣的對不對？

阿　信：希望自己可以保持心情的平靜。

提問　請問二位，夢想跟現實該怎麼結合？很多人不知道自己想要的東西是什麼，不知道如何堅持下去。譬如阿信唸書時就喜歡音樂，是什麼樣的勇氣讓你一路走到現在？怎麼堅定自己想要的東西？

劉若英：其實我們沒有想那麼多，可能是我會的東西不多，就是喜歡音樂、電影，但我很幸運，當我接觸到的時候，覺得那個環境裡有一個能量，那力量讓我覺得自己很踏實地活著，也許我去做別的工作，一點點苦我都會叫苦連天。

陳文茜：妳如何去找到那個能量？

劉若英：可以去試。其實我覺得年輕最不怕的就是失敗，趕快去試各種你覺得有興趣的事情。

陳文茜：年輕人最不怕的就是失敗。如果要成功，你的失敗率要是成功率的一倍，這是IBM創辦人華生（Thomas Watson Sr.）說的話，去嘗試就對了。

阿　信：我覺得還有一點滿重要，能找到夢想跟追尋夢想的人其實很多，但是在夢想的路上一直堅持的人卻不多。堅持很孤獨，可是你要堅持，最終被看到的，都是堅持下來的人。其實每次要談夢想或談成功，都覺得我談得很不心安理得，因為我覺得自己絕大部分的成就，是幸運陪我一起走過來的結果。如果真的要我給大家一點可能有用的建議，就是找幾個朋友跟你一起作夢。如果你沒有夢想，那就找有夢想的朋友，陪著他一起作夢。很多時候，快樂都是從你朋友身上得到的，而都不是從自己身上得到的。所以，去找幾個好朋友一起作夢吧。

（二〇一三年七月二十九日）

阿信

他的搖滾本事，寫下每一首後青春期的詩。

劉若英

為愛癡狂的她，似水也如鋼。

嚴長壽：如果我還年輕

- 不要只拿到學位就以為完成學業，其實才剛剛開始而已。
- 面臨死亡的時候，並沒有給我太多威脅，只讓我更加把握我的時間。
- 現在所面臨的競爭不再是學歷，你必須反省自己有沒有能力，在跨國界的環境，去跟全世界競爭。
- 做為知識份子，在任何情況必須保持獨立的思考，要有思辨的能力、明辨是非的能力。
- 要先確定這是不是你的特質，再看你的熱情是否能讓你打死不退，如果是，這就是你的工作了。
- 現在環境的優點是太容易進大學，環境的缺點是進大學以後太容易畢業了。
- 你必須先把自己的手搞髒，你必須能夠蹲得下去，才能夠真正的深入。
- 看到一個目標時，我的動力非常強，當看到學習機會時，就不會覺得那是挫折。

陳文茜：青年論壇老找很老的人，但人老的時候，他看著妳們的眼睛都會心想，如果我跟你們同個年齡，該有多好，最近看了一本書，青春不是用來迷惘的，但老年才迷惘，青春是最容許失敗的時期，嚴長壽在人生每個階段都充滿驚喜，曾出一本書叫《總裁獅子心》，創下台灣出版界傳奇，接著就沒戀眷地離開這工作，從美麗的台北別墅，到台東作公益平台，不需要宣告，沒有任何可惜，低調地到公益平台宣布不買房，我到台東去時，連計程車司機都覺得嚴長壽很笨，到處找租屋。

如果你可以跟年輕人一樣還是二十歲，你會做什麼？

嚴長壽：我那時叫做時勢造英雄，一無所有，卻充滿機會。上個月到美國巡迴演講，也參加一個由美國年輕老師所組成的團體「知識就是力量」（KIPP, the Knowledge Is Power Program，致力於貧困學生教育）召開的高峰會。二十年前，有兩個年輕的老師，都是常春藤名校出身，開始著手偏鄉教學，做了兩年之後，發現偏鄉教育太嚴重，決定要做另類教學。一開始一座學校都拿不到，好不容易找到一間教室辦學，兩個人後來發現只做一個學校是不夠的，其中一個人就到紐約哈林區辦學，現在有九成五的學生是黑人或拉丁裔朋友，百分之八十五是低收入戶，學生進入他們的學校之後，就開始以進大學為教育目標，偏鄉的孩子上大學的機會太少了。

二十年後，這兩個人做到現在，在全美二十州已經營了一百六十二所學校，回到休士頓來開高峰會。如果我現在回到二十歲，我會做類似的教育工作，創設學校，從小學到高中，現在台灣城鄉差距越拉越大，中國大陸的問題更嚴重。

陳文茜：你待過美國運通台灣區總經理、亞都麗緻總裁，之後再到偏鄉，可以說是吃過大魚大肉才吃素嗎？

嚴長壽：可以這樣說。這次在美國做巡迴演講，在舊金山、洛杉磯、休士頓、紐約，感觸很深刻。我在矽谷的時候，和史丹福的台灣留學生餐敍，都是碩士生、博士生；在紐約的哈佛會館演講，活動結束之後，有一群孩子是從約翰霍普金斯開車幾個小時來聽演講，他們一直等我排隊簽名，最後他們問我：「嚴總裁，我們能為台灣做什麼事？」我的建議是：不要回台灣，台灣這五、六年還安定不了，在國外待久一點，多觀察社會、多受點挫折，多了解一下世界的問題、國際的環境，因為你回到台灣是看不到世界的。相信那時再回到台灣，或許台灣下一任總統已經快卸任了，或許台灣那時候的選民說不定會更成熟，大家會更了解，選舉不是在選總統，還有立法委員，每一個人都是我們一票一票投出來的，最後的成敗是跟自己的選擇有關係。

陳文茜：你給的答案，其一：不要回台灣，在台灣看不到世界。其二：台灣有了民主程序，卻沒有民主的結果，台灣選民需要更多次的選舉過程，慢慢成熟；其三：應該多了解國際；第四：應該接受更多挫折，有更好的準備、更好的國際觀，那時候再回台灣。

嚴長壽：好不容易出去了，不要只拿到學位就以為完成學業，其實才剛剛開始而已，你沒辦法回來叫台灣的人更了解世界觀，要待得更久，才能了解。我當然鼓勵大家多往國際走，但待在台灣的人，有的時候不必出國也是可以看得到世界的。

還有一個故事，我有一個老部下，三十年前移民到紐約，我去跟他聊天，他說他孩子學醫，讀完大學後，到非洲做了兩年三個月的聯合國和平工作團的難民援助，回來後告訴家長說決定要做醫師，但要做的是一個不賺錢的醫生，而且要回到非洲去行醫，還告訴父母：「不要期待我會對你有什麼回報，因為我要去做一些對人們有意義的事情。」

同樣是台灣人帶出來的孩子，這樣有使命感，做好了終身的決定，甚至是到一個沒有任何血緣關係的國家。但更重要的是，他的父母接受了他的決定，那孩子在非洲時，父母擔心得要命，孩子好不容易回來了，卻立志要再回到非洲行醫。若我回到年輕時，若我有這個能力，我也會做這樣的事，我的熱忱是天生的、無可救藥的，我很少想到自己。

陳文茜：到越大的國家去，越覺得自己與整個世界都有關係；到越成熟的國家去，談的事情

面臨死亡的時候，並沒有給我太多威脅，只讓我更加把握我的時間。

越國際化。有次我在北京大學演講，學生說台灣人坐井觀天，這句話我承認。雖然大陸做出來的國際新聞品質好過國際媒體CNN，深入程度很夠，但在北大聽很多人講話，我注意到一個現象：他們問的問題幾乎都還是僅限於兩岸，最後我說：「你們覺得台灣是井底之蛙，我承認，台灣是個小烏龜，不肯看真實世界，但我覺得你們是一隻大烏龜、千年烏龜，也非常本土（local）。」這不是和國家大小有關，而是和文明指標有關。有一個組織叫「無國界醫生組織」（Doctors Without Borders），熱情是無國界的，但在台灣卻提倡完全相反的觀念，台灣回不了過去。

嚴長壽：台灣回不了過去，但也不要把自己看得太小。宗教的影響，比如說慈濟，是個民間、國際的紅十字會，志工力量和動員能力相當強，還是有人在影響世界。現在中國大陸在宗教心靈層面的寄託還是很空虛的，外在的表現和心裡想法是矛盾的。台灣從貧窮走向經濟或民主的過程中，知識分子和宗教家的教育，補足了台灣傳統教育裡面所缺乏的，就是對別人仁慈、願意幫助別人這一塊；或是用一個知識份子的良知來面對問題，這些都在影響社會的方向，這都與宗教有關。

陳文茜：如果人生重來一次，最後悔的事情是什麼？人生不該做的事情是什麼？

嚴長壽：我活到現在覺得生命好豐富，甚至包括得癌症的過程，我覺得我真是一個好幸運的人。最近有個夥伴，面臨癌症末期，我告訴他一件事，有次我坐飛機，有個引擎著火，那是我最接近死亡的一刻，我當時在想，我這一生有什麼遺憾？還有什麼放不下？我後來想，沒有，其實都放得下，小孩大了，公司有人接班。這一段生命是很豐富的。

陳文茜：是因為癌症所以離開亞都麗緻的工作？

嚴長壽：其實不是，在之前就已經去花東，基金會是後來成立的。

陳文茜：一般人得到癌症，都會很緊張，要不要化療？致死率多少？會不會復發？我媽媽就這樣，我就告訴她，你不會因為癌症而死，你會因為緊張而死。

嚴長壽：很多人會問，為什麼是自己得到癌症？但我想到的是：為什麼不是我？疾病可能發生在任何人身上，把握生命的每一天是必須要做的事。賈伯斯有曾經說過相同的話：每天早上醒來，這就是我最後一天，我還是會做我該做的事。我關懷花東地區，做了很多的規畫，得病之後的一個月，剛好就遇到八八風災，我帶著藥就去了。醫師打電話來，我說我人在災區，他突然講不出話了。我在人生的每個階段，都很感恩、都很富足，但富足不是來自於財富，而是生命的每個階段都好豐富。面臨死亡的時候，並沒有給我太多威脅，只讓我更加把握我的時間。

陳文茜：你到台東做公益平台，台東人何其有幸。你有一個姪子（嚴心鏞）很崇拜你，原本在香港做傳銷，後來回台灣，也從事類似的公益，他把在公益平台中找到的中輟生以及原住民的孩子帶到台北來，成立宿舍，讓他們有個家；開拓一家手打烏龍麵店讓大家好好學習，現在麵店大排長龍，那裡頭工作的都是你從台東帶出來的中輟生跟原住民。這些原住民的小孩證明了一件事情，他們可以勤奮工作、可以很努力，經由麵店的經驗，將來也有能力回到家鄉創業。這洗滌了過去很多人對原住民的成見，你會不會很感動？

嚴長壽：我們家族大概都有雞婆的基因，心鏞很容易被我啟動這樣的善念，但其實是他自己去探索這個社會企業，也不單單只是接受花東地區的孩子，也到屏東、偏鄉去開發，關懷偏鄉孩子，都是低收入戶的孩子。孩子來台北後，他就帶著他們，給他們宿舍、合理的薪水。如果還有一些地方需要學習，他就帶著孩子反省今天的工作，看到別人做了什麼對的，也反省自己是不是有做錯的部分。「省己讚人」，他用這簡單的一句話，把他們帶起來，鼓勵大家欣賞夥伴、反省自己，文化就起來了，這點很厲害，是我要和他學習的地方。

社會企業的目的就是希望孩子將來能回到自己的家鄉去開店，目前穗科大概有三個品牌，包括一家麵包店。我也很欣賞心鏞，他原本在迪士尼出版公司做總經理，居然去學拉麵，學會了穿上廚師服，做他以前從來沒做過的事情。我也跟各位年輕朋

圖片提供／公益平台

友提醒，現在大家都在談社會企業這個議題，但你必須得先把自己的手搞髒，你必須能夠蹲得下去，這個時候，才能夠真正的深入。心鏞開始做社會企業已經超過四十歲了。我們家的人都是很雞婆的。

陳文茜：給年輕人一些建議：要懂得做最基層的工作，去吃那個苦？

嚴長壽：現在要讀大學太簡單，進台大也更簡單，十多年前進台大是很不容易的。即使是台大的同學，都要反省，十七年前的台灣出生人口是三十五萬人，台大只有兩萬三千個學生，十七年後的今天，台大有三萬三千個學生，但台灣出生人口現在只剩下不到二十萬人。現在所面臨的競爭不再是學歷，你必須反省自己有沒有能力，在跨國界的環境，去跟全世界競爭。

我要勸各位，要認識自己，了解自己的優、缺點，也了解環境的優、缺點，才比較容易找到自己的未來。現在環境的優點是太容易進大學，環境的缺點是進大學以後，太容易畢業了。國外的菁英大學，是兢兢業業，沒有時間去享受所謂大學生的自由，可是台灣卻完全相反，進到大學以後完全自由、放鬆、放任，就失去了競爭的危機意識，台灣太舒適了。

第二個部分，是現在的家長沒有我們當時的家長辛苦。我當年第一個工作二千塊錢，我要拿一千塊回家，等到我賺到五萬塊，我還是拿一半回家，這是責任，兄弟姊妹、周圍的朋友，也都是這樣做。反觀現在，學生一個月花五萬塊，兩萬自己賺，三萬塊跟爸媽拿。

另外，台灣的政治環境、政治人物給大家太多空間，卻讓大家不必負責任，我覺得這是台灣最糟糕的一件事情。做為知識份子，在任何情況必須保持獨立的思考，要有思辨的能力、明辨是非的能力。現在年輕人卻沒有被教育到這部分，甚至老師、教授本身都沒有被教育到。

陳文茜：在台灣太舒適了，但國際大環境不是如此。朋友的小孩申請碩士MBA，我給他的建議是去上海中歐管理學院，不是因為那個學校是他申請到最好的學校，而是因為他在那裡將看到窮苦的孩子是怎麼努力讀書的。他一到那裡去就傻眼了，韓國的學生們數學好，英文也好得跟美國人一樣。大陸的學生也非常用功，所以朋友的小孩一到那裡，只能前所未有的用功。要看清世界上的人是怎麼努力的。

如果是你，你會做什麼選擇？

嚴長壽：我會把我的老師所教的課程，去比較美國Coursera（美國教育科技公司，與多家大學合作，提供線上免費課程）同一個課程，去找美國最高學府同樣的課程，去看老師怎麼教，第二天再來問老師問題。

我會挑戰我的老師，讓我的老師也跟我一起進步；如果我進大學，發現這個大學不值得唸，我會直接放棄。現在進大學像進書店，所以學歷並不重要，重要的是能力。多去上國外的開放式課程，然後拿它來跟我的老師比較，去挑戰老師，如果老師願意接受挑戰，大家就一起進步，如果這個老師的課不值得我上，我就會走了。

如果我覺得我唸的科系不對、教授不對，我寧願放棄，重新探索。而現在的年輕人缺乏探索自己的能力。以色列的孩子，十八歲先當兵，在花一年的時間去世界旅行，二十二歲再回來唸書，那學生就會給教授一定的壓力，學生知道他所需要的知識，而教授要想辦法來滿足學生。要讓整個社會進步，就要有這樣的態度。有效的學習，才是現在大學應該準備給學生的。前幾天有個末段班教授寫了封信給我，說他有六十個學生，很多學生都不認識，在教室的學生不是玩手機就是在睡覺，這是雙輸局面。其實不一定要正襟危坐上課，但認真學習是最重要的。

陳文茜：在美國，你不一定要正襟危坐的上課，你有學習到就好，我自己在柏克萊上課時，我有一隻博美犬很黏我，我就帶著牠上課，老師發現後也不以為意。

嚴長壽：美國高中是很自由的，盡量約會、去玩，到了大學後，就要很清楚自己要唸什麼，目標在哪裡，暑假時趕快累積工作經驗，讓履歷上更豐富。在以色列要當兵，目的是教導團隊合作的重要性，訓練面對挫折和超越自己的能力，跟別人衝突時如何解決問題，在困難環境下訓練承受壓力的能力；接著打工壯遊。

人家是進大學前就去認識世界，但台灣教育環境不太一樣，是不夠有效率的，學生是畢業後才打工壯遊，但台灣的教育環境已經是這樣了。

陳文茜：如果你現在只有二十一歲，要如何突破台灣環境的限制？

嚴長壽：要從說服家長的能力做起。我昨天問幾個家長，你要孩子有考英文的能力，還是用英文的能力？台灣教育是培養考英文的能力，沒有辦法帶著走，這是台灣最荒謬的事情。

過去的台灣，美國是我們的腦，我們是動手做的手，但現在是大陸或越南在做手的角色，我們現在是中間的角色，很容易被取代，我們要努力做的是成為那個腦。教學不能只是死背書，為什麼要用這麼無效率的方法，浪費生命去做這件可以被取代的事？我要大學生有發掘、尋找問題的能力，要有創意，要在廣泛知識累積下才能有創意，要在探索間找到自己的優勢。

陳文茜：如果你才二十歲，你會參加太陽花嗎？

嚴長壽：我會問自己參加的目的是什麼？我是參加嘉年華會？還是我有很明確的想法？如果我們懼怕中國，為何我們所有的產業都與中國息息相關？如果我參加太陽花是因為恐共，我有沒有辦法擺脫？怎麼樣借力使力，與大陸保持和平又走向世界？才能真正讓自己找到站起來的力量。

陳文茜：有些朋友私下給我的答案，和在媒體上的答案都不一樣，嚴先生很坦誠。如果要出國，最想去哪裡？

嚴長壽：從工業角度到德國，設計角度到巴黎、英國、紐約。語言能力很重要，以前很少德國人會講英文，現在連計程車司機都會英文，為什麼我們不行？我們來看整體環境，台灣自從退出聯合國，台灣政府與世界就斷掉了，以前台灣政府各單位都要有國際能力，現在這些預算都不見了，政府不再讓公務人員出國見習，過去很多人在國外累積很多經驗，回國後成為台灣政府的耳目，將技術轉移到台灣來，現在台灣沒有環境創造國際觀，所以越要努力去創造。

陳文茜：我在戒嚴時代長大，連觀光都不行，要申請學校難上加難。如果我可以重回二十歲，首先，我不會讀完大學，因為現在的年輕人可以到處去走，有很多當時我根本沒有的機會，是你們現在所擁有的。

全球化的過程中，國際經濟剛好轉到我們這邊。我們的前輩都很窮，每個人都想辦法要賺到第一桶金。現在沒有一個有效能的政府，風向也不站在台灣這邊。如果我回到二十歲，考上大學，已經無法保障什麼，我可能大學唸到一半就休學，去各國走，先去中國大陸，再回來唸完，再申請去美國唸書，再出去走走，一定會去歐洲，看歐洲為何會從過去的輝煌到現在的問題叢生，再去看德國，如何可以維持出口競爭力到現在，全歐洲都在搞福利政策，德國也是；我投給德國的未來，我會給自己一年半的時間在大陸做交換學生，去了解那個最迷惘、最不知如何稱呼的地方；再去歐洲走一趟，再回來選擇你的科系，有非常多選擇，但要先認識這個社會和世界，從中不斷思辨。

嚴長壽：我覺得非常好，但只有陳文茜能從中吸收到這麼多東西，有想要走政治的同學，千萬別想要討好選民，要了解社會基層，深入其中、接受挫折，回過頭會更清楚要把台灣帶到什麼地方，同時要了解台灣自己的優點，我們還是有好的一面，我們的宗教是讓大家走到好的地方，民主、文明、宗教，台灣還具有這些優勢，台灣如何善用這樣的環境，走出持衡永續的結果。

陳文茜：我可能會去ＮＡＳＡ（美國太空總署）工作，人類太不可愛了，要去跟宇宙說話。

嚴長壽：沒有一定要回台灣不可，只要對人類有貢獻，很多人可以做更高更遠的事。

陳文茜：曾經有學校校長邀請我回去演講，因為我說畢業那天，不是戴方帽子，而是應該要躺進棺材，去想，如果生命只剩下這一天，你要做什麼？讓年輕人躺一次棺材會有無可限量的想像力。

嚴長壽：我覺得這建議很好，但我不是台大校長。

（二〇一四年九月二十四日）

青年提問

提問 現在是因為選民素質不夠好，如果十多年後選民程度比政治人物好，是否要討好選民？

嚴長壽：我們必須駕馭政治人物，這些人都很聰明，家庭很有地位，現在最大的問題，是因為我們都覺得投完票就沒事了，立法院是人民選出來的，選他出來的人才可以管它，每個人要為此負責任，每個人現在都有選舉權，若教育裡面沒有這個內容，怎麼選都沒用。

提問 如果回到二十歲，遇到一些挫折，喪失熱情，怎麼再找回熱情？

嚴長壽：熱情有時候是個幻想，如果想做廚師，連調味料都分不清楚，那最好不要，要先確定這是不是你的特質，再看你的熱情是否能讓你打死不退，如果是，這就是你的工作了。我當然遇過挫折，但我從來不認為這是挫折，我以前曾遇到挫折，眼淚只有往肚子裡吞，但我不能被這種小事打敗，看到一個目標時，我的動力非常強，當看到學習機會時，就不會覺得那是挫折。

陳文茜：大學為什麼沒考上？

嚴長壽：我的專長不是考試，我是天生的領導，高中時已經知道。我領導同學參加全國樂隊比賽。那時大家坐了兩部卡車、帶了樂器就去了，別的學校學生，人家是從遊覽車下來，很優雅，也挑戰高難度曲目，而我們的選曲就很簡單。後來同學演出時打了反拍，我糾正不回來，我就測自己的心跳，一直到正常為止，等觀眾都笑完、冷靜之後，再溫柔地看著她，再開始，完美演出，獲得如雷掌聲。本來那次演出以為已經無望得獎，都要走了，但結果可能可以拿到冠軍。我在學校時就有這樣的能力，可以將慌亂的樂隊鎮靜下來。

提問

我原本在中國大陸唸書，後來回台灣唸大學。剛開始在大陸壓力很大，面臨老師的歧視，每天抱著馬桶哭，剛開始覺得自己幹嘛來這種地方，後來就覺得是挑戰自己，不後悔，但現在回來台灣唸書，很疑惑，回來是不是正確的選擇？

嚴長壽：我覺得大陸經驗非常棒，但有兩種，一個是認識自己的層面，另一個是更深層地去認識社會。回來台灣是不是正確的選擇？那要看你有沒有遇到對的科系、對的教授。

陳文茜：有兩個地方的經驗很好，回過頭來看整個華人世界。年輕人最好不要只在一個地方待著。

嚴長壽

從飯店總裁投身公益平台，面對生命逆境，從來無可救藥的樂觀派。

林懷民：把電腦關掉

□快樂是自己訂的。年輕人就要去嘗試、去衝撞，去做任何你覺得有興趣的事情。

□你以為你喜歡那個事情，就去做做看，也許你其實不喜歡。

□你不能坐在家裡想像自己，或者透過臉書來營造自己，要真的出去做，就算跌倒了，也才知道原來這樣做是會跌倒的。失敗不要緊，從失敗裡認識自己，認識自己脆弱的點，認識自己可能堅強的點。

□不高興的時候就說出來、喊出來，只有哭完了，才知道原來我們是需要哭的。

□把電腦關掉，或者真的到不得不用時才使用，馬上就有了眼睛可以看外面。

□農村才是台灣的根基，不是台北。

□這個社會裡真的東西不多，但是當一個真的東西出現時，大家會知道那是真的，而讓心裡得到很大的安慰。

□創作者就是永遠覺得自己的創作可以更好、可以不同的人。

陳文茜：雲門成立於一九七三年，是台灣退出聯合國的兩年後。雲門兩歲時推出了第一齣舞劇《白蛇傳》，接著是《薪傳》，一直到四十週年的最新創作《稻禾》。

林懷民老師在《白蛇傳》裡尋找中國的神話，在《薪傳》裡尋找屬於台灣先祖血液裡不能被遺忘的東西。從中國徘徊到台灣，從台灣又尋找到中國，許許多多的對話，最後融合在《九歌》裡完成，而《九歌》又包含了全世界所有文明與河流的關係。

林老師跟所有成長於那個世代的人一樣，四十年的編舞生涯裡，曾創作出《我的鄉愁我的歌》，覺得那時的台灣正站在一個十字路口。最終，雲門四十週年，他有了一個很簡單的答案：向大自然致敬。

林懷民：到了四十週年，覺得一切都可以很簡單。我到了池上。池上的美，是大自然的美，加上池上農友對於土地關心，他們用有機耕作來處理田地，很美。我覺得可以回到自己的土地，講大自然、人生。

陳文茜：我在《打開雲門》一書裡，看到一段文章很有趣，你為了一段三分鐘的英文致詞，緊張到在飛機上沒辦法睡。

林懷民：那是二〇一三年聯合國教科文組織的「國際舞蹈日」活動。他們每年都會透過舞蹈日來榮耀，表揚一位編舞家，今年找到我，要講三分鐘的話，我講完，雲門舞者演出。三分鐘的演講稿很難寫，因為我不是文茜，文茜可以出口成章，我不行，現場致詞要求三分鐘，我希望三分鐘就三分鐘，所以在飛機上就開始背稿、查單字，看怎麼發音才正確。

為什麼看得這樣嚴重？雖然不是國家的代表，但是不論是雲門或者是我，到了國際，我們就是台灣。我背到最後還是漏了一句，但結果非常好，講完以後觀眾全部站起來拍手，我鞠躬下台，走回座位時，他們還在拍手，使我必須離開座位，再度出來鞠躬。

陳文茜：像真的一樣去做這個事情，這就是我想跟林老師談的話題。即使今天雲門在台灣、在世界的地位已經這麼高了，林老師做每一件事情，哪怕只是三分鐘的演講，還是如此敬業。為了那段演講，你在飛機上準備了多久？很多年輕人覺得如果準備很久，表示自己能力很差。請你做個典範，告訴我們好嗎？

林懷民：《打開雲門》一書裡提到：雲門的工作人員都知道，林老師從來沒有說過什麼叫做完美、最好，林老師永遠在說可以更好。你永遠可以更好，一齣舞劇演了兩、三百場，還是可以更好，只要有時間，就要把它做得更好。過程中間當然有點磨難，但是做好了，自己會覺得比較安心，出來的成果也讓觀眾開心，所以一定要做得更好。

事實上，那段演講稿寫了一個月。當然不是天天寫，想到的時候寫幾句，再改幾句。接著錄音，一共錄了三次。大會希望那演講能有影像，放到YouTube上。第一次錄好音，跟影像結合時發現感覺不太對，所以再錄了兩次，然後又花很長的時間把影帶做好。大家上YouTube也可以看到，International Dance Day Message 2013。很多人看完都感動地哭了，網上也有許多好評，但那不是最重要的，重要的是我自己覺得比較安心。

陳文茜：所以你寫了快一個月，錄了三次音，在飛到巴黎十幾個小時的路途上一直背，還要糾正自己的pronunciation（發音）是不是？

林懷民：I don't have good pronunciation（我發音不太好）。我的英文馬馬虎虎，日常溝通可以，可是真的要上台講話，就必須一個字一個字地講清楚，特別是對法國人講英文。

陳文茜：敬業，是我想要談的第一個主題。沒有一個成功是僥倖的，所有的成功者，都是兢兢業業地看待他手中的每一項工作。

在我所看到的雲門故事裡，覺得最敬業的一個叫〈恐怖片〉。那時你們去布拉格演出《水月》，住在Don Giovanni飯店，請林老師告訴我們當天發生了什麼事情，看看什麼叫做雲門的專業。

林懷民：我們到布拉格藝術節參加國際舞蹈節，住在Don Giovanni飯店，窗外隔一條街就是一片綠綠的林海，是猶太人的墓園。過了馬路就可以找到卡夫卡的墳墓。

首演那天，吃了早餐後，全體團員拉肚子，食物中毒，每個人都跑廁所，還有幾個送去打點滴。我問大家要不要取消，或者把舞縮短一點，舞者說不要，等下午看情況再說。下午五點半人員集合，打點滴的也從醫院裡溜出來，我問大家怎麼打算，縮短好嗎？他們不講話，然後去化妝。

那天的《水月》，是雲門有史以來最偉大的演出。當身體完全不幫你忙的時候，你的精神就出竅了，完全是靈魂在跳舞，觀眾的反應熱烈得不得了，可是他們不知道後台發生了什麼事。《水月》是很慢的舞，使用巴哈的音樂，肢體動作非常緩慢。後台是另一個世界：舞者一進入後台就飛奔到廁所去，然後很迅速地又回到台上繼續慢動作的演出。

這是《水月》的故事，如果你看到那場演出的後台，會覺得像個恐怖片。可是，這就是雲門舞者，遇到再大的困難，有時候我不要為難大家，想要妥協或退讓，但舞者們不肯，他們就是要做到。

陳文茜：今年，林老師領取美國舞蹈節終身成就獎，除了美國以外，是亞洲第二個人得獎，第一個亞洲得主是以色列猶太人。林老師是在那樣位置上的人，所以雲門四十週年演出，可能選擇去北京，或去千年古蹟，例如埃及的金字塔或敦煌，或者去巴黎、林肯中心，如果要向大自然致敬，也可以去美國的大峽谷，可是林老師沒有，林老師選擇了台東的池上。經歷過去四十年來雲門的點點滴滴，我注意到林老師始終如一，總是一身黑衣，帶著包包，就這樣出場了。不管得了多少個獎，你始終如此。而選擇台東池上又是為什麼？你去年還為此去池上割稻？

林懷民：事實上，我的黑衣服都是一樣的，褲子差不多十幾條，衣服二十幾件。每天早上起來，不必想今天要穿什麼，因為沒有時間，還有很多工作要做，穿同樣的衣服，就可以多花一點時間在工作上，做你要做的事情。至於雲門四十週年演出為什麼選擇台東池上，要追溯到雲門成立的原因。

我原來是一個作家。大一唸法律，大二時轉到新聞系，去美國時唸了一學期的新聞，又轉到英文系唸小說創作，同時開始學習跳舞。二十五歲回政大當講師，二十六歲時，我就給自己闖了禍，創辦了雲門舞集。為什麼要說闖禍呢？我雖然學過跳舞，可是完全沒有專業經驗，也不曉得什麼叫舞團，等到雲門在台北第一次演出，賣出三千多張票，我嚇壞了，有一點精神崩潰，心想這下子可要好好學編舞了。

為什麼一個寫小說的人會去學跳舞、編舞？我想，跟六〇年代我的成長環境有關。簡單地講，六〇年代是一個年輕人的時代，年輕人覺得自己有責任，而且有能力來改變社會、改變世界。那時美國在反戰，還有民權運動，巴黎、芝加哥、東京也都有學生運動。我在那個氛圍裡長大，一直在想我們可以做什麼？

剛好那時台灣退出聯合國，發生釣魚台事件，所以我就回台灣了。當時只要能夠參加與社會有關的事情，我都很願意。只是，雲門的創辦是命運決定的：我回台兩天後，幾個音樂家來找我合作，我說我不會跳舞，只上過一點點課，其中有位舞者把我介紹給他的系主任，我就到文化大學教課，那時有很多女學生喜愛跳舞，今天觀眾中還有雲門的創團舞者鄭淑姬小姐。她們想表演，我說可以做一個舞團，不是到紐約、巴黎去演出，而是成立一個到學校為學生演出、到社區為居民演出的舞團。

為什麼會這樣想？在美國讀書時，我也深深受到在文革宣傳裡看到的赤腳醫生的影響。那些年輕人受過一點醫療的訓練就到偏鄉去服務，我覺得我們應該做這樣的事：到民間去。最初是這樣開始的。一直以來，雲門都希望能夠到學校去，到偏鄉去。

大家知道雲門現在會去紐約、莫斯科演出，事實上，我們經營舞團時才發現，要到台東演出最近的距離，就是經過紐約。如果一直在台灣，想去台東、美濃、埔里演出，會有一點辛苦。但如果說這是紐約回來的，大家也許會多注意一點，會支持我去學校，鄉下演出。我只知道，台灣真的是這樣一個好地方。年輕時發神經想去社區、學校演出，四十年後還能繼續做，因為有企業界和社會各界一起把雲門撐起來。所以，到台東池上等地演出，是雲門一開始的初心。當我疲累的時候就會告訴自己，不能背棄初心。

雲門每年會在不同的城市舉辦大型戶外公演，觀眾至少三萬，有時到八萬，大家秩序井然，散場後地上沒有一張紙屑，是這些事情、這些臉孔，讓我們覺得自己很有用。

最近我去參加大甲媽祖遶境，凌晨三點，在彰化溪州一座小廟，有位農村太太握著我的手，說了簡單的一句話：「感謝你美麗的藝術。」這句簡單的話，從一位出身基層太太的嘴裡說出來，那時我覺得好幸福，覺得求魚得魚，覺得我們的確是有用的人。那時我想，即使就這麼頭髮慢慢白了，也是可以的。所以，雲門四十週年當然要回到池上，池上的稻浪非常美，非常漂亮，我們去向農友致敬。

陳文茜：雲門舞集曾經解散，再重新開始。我看了《打開雲門》一書才理解到：你根本就是瘋子啊！只看過京戲、歌仔戲，就敢編舞？前幾齣舞劇的服裝，還是別人帶你去迪化街、衡陽路買布，由你自己設計的。剛開始時，你每天只能反覆地讀書，跟今天上YouTube就能找到很多很棒的編舞家的作品完全不一樣。

你説你這個人的特色是，只要愛上張愛玲，就要把她所有作品全看完，可是想看保羅・泰勒卻完全看不到，因為當時台灣還沒有錄影機，沒辦法看到保羅・泰勒的舞作，要等到一九八〇年，你三十歲了，已經成立雲門舞集一段時間後，才看到他的錄影，可是你敢這樣子就開始了。

那時你還自己去貼海報、寫新聞稿，什麼都自己做。林老師有段很動人的故事，朋友陪你去拜託很多店家老闆，如果讓你貼海報，就送雲門的票，結果很多人拒絕了，你朋友生氣地說：「台灣這個爛地方，為什麼不支持藝術！」林老師當時怎麼回答？

林懷民：我反問朋友：「如果老闆要把賣皮鞋的海報貼在你家，你要不要？」那一整個下午，只有一家皮鞋店願意讓我貼海報，我非常地感動、感恩。我們都有夢想，可是世界不會因為你的夢想而改變，你必須付出努力，必須做出有價值的東西，世界才會慢慢開始接受。所以，在雲門四十週年，我體悟到最重要的一件事情：在做什麼之前，先看看自己能付出什麼。雲門的經營必須到處募款，每次募款完我都覺得壓力很重，因為每一個協助你、捐款給你的人，都會有一份期待。

我朋友問：「台灣為什麼不支持藝術？」可是清道夫努力工作，使環境乾淨，也從來沒有叫社會救濟他，只是安安靜靜地做自己的事，也沒有覺得自己很可憐，不會出來說「你為什麼不幫助我們」，每次看到這些清道夫，我就覺得很感動。當然，國外的制度不同，美國的藝文演出以民間贊助為主，歐洲國家則是因為政府很重視人民的精神生活，所以文化預算較多，藝術團體過得比較好一點。可是，你不能人在台灣，卻期待歐洲的標準，那是很辛苦的，所以要不斷地學習經營。

陳文茜：面對這樣不友善的大環境，為什麼你把自己比喻為一個清道夫，而不是像社會現在普遍的氣氛，認為這個社會欠我，覺得政府在幹什麼？有錢人在做什麼？為什麼我們比不上美國、巴黎？申請表演藝術還要寫報告給警總？當時你為什麼不是用憤怒的態度？

林懷民：我最憤怒的時候，是在釣魚台事件發生那幾年，那是我反骨最深的時期，我父母在聯合國廣場前面抗議，我卻沒有陪著他們一起，這真是我最大的一個叛逆。其實事件發生時，我們是第一時間跳出來的，在國外串連抗議，希望能夠做政府的後盾。一九七一年一月，在芝加哥密西根湖畔，天氣非常冷，冰天雪地裡來了三百多個留學生，我從來沒看過這麼多台灣留學生集合在一起，不是為了打麻將或烤肉。

我們在寒風中遊行、喊口號，第二天報紙幾乎沒有登，若有也是兩、三行帶過。經過那次遊行，我回台灣後就不再參加有關釣魚台的活動。

我在其中學到了兩件事，第一，在國外呼喊，風把你的聲音吹走了，對台灣一點影響都沒有，那個遊行使我確定，我一定要回台灣。第二，呼喊是沒有用的，因為世界不會改變，要自己親自去做，去推動。我跳舞，用自己的身體來處理。回台灣時，我不僅沒有編過舞，也沒有看過多少舞，在美國留學時只看過四場現代舞表演而已，僅僅是一個意念，我就去做了。

雲門的舞者們非常投入，使我覺得我對他們的青春有責任。一九八三年雲門十歲時，我才存錢買了錄影機，得到一、兩支舞蹈錄影帶，倒過來、轉過去地看。後來我想，雲門舞集之所以成為雲門舞集，就是因為我在台灣，如果在紐約，一天到晚聽到、看到這麼多舞蹈大師的節目，就會受到影響。台灣有很長一陣子，在藝術方面的訊息是與世界隔離的。我回國沒多久，許博允這些朋友來找我合作，我因此被牽引到跳舞這條路上。那天，有個女孩，從頭到尾安安靜靜不講話，最後忽然「啪」地站起來說：「你們這些男生一天到晚講，什麼都沒有做。」說完便走了，第二天她就出國，後來她有了一個新名字，叫三毛。

三毛當年在台灣非常重要，因為她告訴我們撒哈拉沙漠的故事、西班牙的故事。為什麼？因為我們與世界隔得非常遠。那時沒有觀光簽證，我讀完書打工存了點錢，到歐洲繞了一趟，看到美麗的大世界，最後一個停留的國家是希臘。我搭學生包機準備回台灣，晚上一點鐘到機場。我一個人在機場廁所哭了半小時，因為我知道回台灣以後，不會再來了。

從這兩個故事可以瞭解，當時的台灣處在一個很封閉的狀況裡，後來開放了，但國際政治上又被孤立。所以，我在台灣編舞，沒有辦法得到很多資訊，只好往自己的文化去挖掘，沒有東西可倚靠，只好自己想辦法，結果做出雲門舞集很奇怪的舞，在國際上顯得非常獨特，大家沒有看過這樣的東西。所以，台灣有台灣的好處。

今天在這塊土地上，用此時此地的環境，以這裡做為開始，就不能以美國的標準來衡量，或者嚮往YouTube上某些國際大師的水準。再說清楚一點，清道夫、農人，他們非常腳踏實地，他們可以，我們當然也可以，除非我們覺得自己比農友、比清道夫高級。可是我不覺得我們應該比任何人高級。

陳文茜：農夫從來不會因為下大雨淹水欠收了而抱怨，頂多就是嘆一口氣，把田整一整，重新再插秧。從來不覺得誰欠他，或者要向誰控訴、上臉書抱怨、去台大ＰＴＴ網站上罵人，農夫不做這樣的事。為什麼你也不？如果你現在是年輕人，會怎麼做？

林懷民：第一個，我沒辦法做這種假設。第二個，台灣是一個有地震、有颱風的地方，我們

雲門舞集「稻禾」（攝影／Gia To）

農村才是台灣的根基，不是台北。

是經過歷練的。颱風過了，就是重新收拾。雲門剛創立時，你一無所有，怎麼還有時間抱怨呢？

雲門剛創立時，父親告訴我，舞蹈家是所有的藝術家中最偉大、最辛苦的，因為他以自己的身體做為表達工具，還說，要知道跳舞可能是一個乞丐的行業。我的母親十年前過世，整理遺物時，翻出一本用我名字開戶的存摺，大概用二十多年存了差不多一百萬。我的兄弟們都沒有，為什麼？因為在長長的三十年裡，母親怕我會餓死。

當你一無所有時，只能勇往直前，怪誰都沒有用。今天社會不好、世界不好，我會想，我能夠做什麼呢？當你想多做一點的時候，就要改變自己，讓自己更有空間，更有力氣一點。

即使四十年後的今天，在面對每一個作品時，我還是「挫著等」。因為每個作品都是陌生、未知的。過去得了多少的獎，都沒有辦法保證你下一個作品是好的，每一次都要想辦法重新面對。我現在比較不會「挫著等」，而是要自己早點睡，精神比較好，才不會做錯的決定，讓舞者忙了一通，最後說這不算，重來。可是舞者們也都知道，當林老師說最後一次時，就是還有十次，再來一次、再來一次、再來一次。我們的生活裡充滿了再來一次，所以沒有什麼叫成功跟失敗。

陳文茜：雲門是不是從來沒有慶功宴？

林懷民：我們會在後台小吃一下，但從來沒辦過什麼慶功宴，而且雲門的後台也沒有粉絲來等著簽名，沒有這種風氣，大家就很單純的工作、回家。

為什麼沒有慶功宴，因為明天還要演出，所以就盡量從簡，但是大家開不開心呢？不開心的話做不下來。當觀眾通通站起來鼓掌，還是有舞者會說我什麼地方沒有跳好。永遠希望把事情再調好一點點，這就是雲門。

我說過，沒有成功與失敗的分別。得了獎高不高興？我覺得不錯，四十週年得了美國舞蹈節終身成就獎，媒體會報導，對票房可能好一點，可是我不能想像因為跟瑪莎・葛蘭姆得了一樣的獎，我就變成一個偉大的人，不能這樣，這對事情一點幫助都沒有。就是去做，做不好不要緊，舞編不好可以修改，舞團做不下去可以關掉重來。關掉重來，跟失敗，都是最大的本錢。

陳文茜：我常看到有些人的名片印著好多董事長和各種榮譽頭銜，林懷民是沒有的。我很好奇，林老師得過那麼多獎，像是藝術終身成就獎等等，從德國一路拿到美國，你都把獎都擺在哪裡？

林懷民：雲門有一個文獻室，所有東西都存放在那裡，包括我的照片。有一次一個同仁說我東西都亂丟，問我什麼獎在哪裡，我說找不到了，從此她就接管了。全部放在文獻室，大概因此會保存下來。我覺得那些獎跟我不太有關係，領完了就放在那邊。

陳文茜：為什麼你可以把這些東西，包括報紙上的林懷民都擺在一旁，卻又對清道夫、台東池上，以及那時願意讓你貼第一張海報的皮鞋店老闆感覺這麼的強烈？

林懷民：不只得不得獎，有時連人家介紹我是一個編舞家，我都不大覺得那是在說我。我覺得自己身上沒有標籤，也不大感覺到年齡，所以穿什麼顏色的衣服也無所謂。我只在意現在正在做什麼，把這個事情做好，如此而已。就我個人的經驗來說，我不會編舞，所以必須想辦法學編舞，一路走來，從很笨的辦法開始，不斷修改，它是可以累積的，做得不好也能慢慢地變好，但必須不斷地學習。到今天為止，我仍然覺得有很多挑戰，往前走任何一步，全部是挑戰。

舉例來講，二〇〇八年那一場火把雲門舞集的排練場燒了，後來我們跟新北市政府簽了一個四十年的合同，用淡水高爾夫球場旁的一小塊地蓋房子，希望能夠永續，如果做得好，可以延為五十年。以前我從沒想過雲門會有房子，還記得我父親說過，這是乞丐的行業。為了蓋房子，我重新學習。後來發現，政府規定蓋房子，多少面積就要種多少樹。我們一共要種兩百七十棵樹。當時我很高興地去買樹，到森林裡挑樹，認識了很多樹，學習怎麼照顧這些樹。剛剛提過，我買的衣服就是買身上這種而已，所以我這輩子最大的購物，就是去買樹。買了這兩百多棵樹，開心得不得了。做事讓我很開心，只是常常覺得一天二十四小時實在不夠用。

陳文茜：現在的雲門有許多舞者，林老師的名氣又這麼大、得這麼多獎，可是很少人知道他住在哪裡。他住的地方，以前是一片亂七八糟的老房子。當時他住在一棟很舊的公寓，很小的一間房。身為前內政部部長、前嘉義縣長林金生的兒子，連他媽媽都擔心他會餓死，還要幫他存錢。很難想像，在台灣名氣這麼響亮的林老師，就這麼樸實地住在那樣一間小房子裡，那是還沒有關渡橋的時代，一九七九年。他說還好當時買了，不然現在一定買不起，當時只花八十萬就買下來。

他可以過這樣簡樸的生活，沒有司機，也沒有車子，每天坐捷運、計程車，他常常叫同一台計程車，跟計程車司機打成一片。數十年就這樣過，穿著黑色衣服、揹著一個包，走遍天下，他就是林懷民。

二〇〇八年，我在燒掉的排練場訪問林老師，雖然雲門的票房一直都不錯，可是維持一百多個人的舞蹈公司非常累，到你這個年齡也很辛苦，在全世界都很辛苦，何況在台灣，為什麼還要繼續？結果你又哭了。

林懷民：文茜當時問我，當生命結束的時候，希望大家怎麼看待你？我說，希望我沒有辜負大家的期待。我很愛哭的，因此可以活到今天。不高興的時候就說出來、喊出來，只有哭完了，才知道原來我們是需要哭的。所以我的循環很好，我不會撐。

陳文茜：排練場那場火，把雲門多少年的道具、服裝全部都燒光了，只剩下幾個《九歌》的面具和一些花瓣。你在書裡寫到，自己站在那裡，看著多年的心血全部在一片烈火當中，但一直到兩個月以後，你才流下眼淚，為什麼這一次這麼晚才哭？

林懷民：因為太忙了。我到火場時是半夜兩點多，救火救到三點多，等火勢差不多控制後，才開始打電話給同仁，畢竟，就算他們早一點來也不能做什麼。人來了就開會，確認到底燒了什麼，因為一個多月後就要去紐約、歐洲演出，屆時能不能去？接著確認整年的行程，檢討完後決定應該做什麼。那時是大年初五，第二天大家要上班了，這時候不應該驚擾整個社會，所以那天開完會，早上六點半就寫好新聞稿，媒體來就告訴他，就是這樣，沒有什麼，我們跟全世界的合同，包括國內的演出，每一個都會履行。

接下來就是收拾善後，找新的地方排練，一個多月後在紐約古根漢美術館演出，再去歐洲。到歐洲後有時差，睡到一半醒過來，忽然間有空走到陽台，看到教堂美麗的塔頂，看到白鴿子飛過，就覺得也不錯，能混到這裡來。

那時忽然想起瘂弦的一首詩，才想起那本詩集已經燒掉了。雲門出國演出，常常去幾個禮拜，所以會帶一、兩百本書出去，當時書已經打包好了，差不多在出國前兩個月就要把東西準備好坐船寄去，坐飛機太貴了。火燒的時候，那火一定高興得不得了，幾大箱的書，好好吃，一口氣就吃掉了。我是在那時候才有時間稍稍哭了一下，哭完了就繼續做事。

陳文茜：我以為你會給我一個小說家詩情畫意的答案，怎麼那麼無聊？

林懷民：太忙了，一天到晚忙碌，一點都不浪漫。浪漫是觀眾的事情。

陳文茜：林老師在《打開雲門》裡寫到，年輕人有責任，也有能力改變世界。但年輕人也許會覺得，不是你們這些出名的政治人物、文化人才有責任嗎？你們才有能力改變世界。為什麼你二十六歲時就覺得年輕人有責任，也有能力改變世界？

林懷民：我想這不是時代的問題，也不是年不年輕的問題，這是對自己的一種觀照，對自己能力的一個衡量，對自己做夢、想像的能力的衡量，對自己是否能成長、學習、檢討失敗的衡量。到最後，是你對自己的一個評估，看你對自己有多少尊敬、尊重。有人說他想過平凡的日子，我也覺得很好，這是他的衡量，我不會覺得這樣不對。因為，夢想不是別人附加在你身上的，是你自己。如果你覺得這也不好、那也不好，也許可以做個清道夫把它掃一掃，可是，你若想把社會掃得乾淨一點，可能需要更大的掃把、更大的力氣。

我認為自己跟人家不一樣的地方在於，當父親跟我說完那些話以後，我就決定，第一，雲門舞者不能當乞丐；第二，大概這輩子沒有車，也沒有房子了。想清楚了再去做，比較沒有問題。你不能一面這樣做，一面抱怨為什麼沒有紐約、巴黎的待遇。幻想這些東西，就是自己笨，我是這樣看待的。

有人問，你對我們五千年的傳統文化都不感覺到驕傲嗎？我說，那裡面沒有我一分汗、一分血，怎麼會感覺到驕傲？那跟我無關，只是我的參考值而已。所以，辛苦嗎？我覺得每一個行業都很辛苦，文茜說我住在一個很小的房子、沒有車子種種，可是，有多少住豪宅的人，並沒有在做讓自己開心的事情，並沒有追尋他曾經有過的夢想。我覺得自己這輩子，有那位溪洲農村太太跟我講的「感謝你美麗的藝術」，足夠了，已經夠好了。所以，快樂值是自己訂的。年輕人就要去嘗試、去衝撞，去做任何你覺得有興趣的事情。

陳文茜：很多年輕人認為自己沒有得到好的機會，是因為他的爸爸不如人，所以出現「靠爸族」這個名詞。父親是嘉義縣縣長，又是內政部部長，你是可以靠爸的，為什麼你會變成一個窮困潦倒的藝術家，在明星咖啡屋偷偷寫小說，爸爸又告訴你做這個行業會變成乞丐。事實上，你大可以變成不怎麼爭氣的、想辦法攀附父親的權貴後代，結果你選擇完全不一樣的路？

林懷民：這是因為我父母的教育，他們說不可以。小時候放學，有時會碰到父親的司機開著公家黑頭車去接父親，司機說順路接我回家，我說不可以，會挨打的。父母說得很清楚，我們不可以坐那個車子；如果有人送我們小禮物，第一，你要拿去還，第二，下次再這樣的話你會挨打。違反這一類重大的規矩，父親會給耳光，母親是拿小竹篾打小腿，很疼很疼。

陳文茜：你感念爸媽這樣的教育嗎？

林懷民：沒有他們，我就不是我了。他們給我很大的壓力，譬如，我大概三歲的時候就知道我一定要唸台大，因為全家人都唸台大。我有一個叔叔沒有考上台大，哥哥姐姐叫他重考，考到第三次終於考上台大。我們家的叔叔、姑姑全都唸台大，只有我差了三分沒考上台大法律系，是家族裡第一個沒念台大的。志願表還是父親幫我填的，因為他不滿意我自己填的，就撕掉重來，我們是在這樣一個規格下成長的。

陳文茜：你後悔沒唸台大法律系嗎？

林懷民：如果唸台大法律系，我想我會轉系。我是一個滾動的石頭，老是東張西望，年輕時常常做這個又做那個。你以為你喜歡那個事情，就去做做看，也許你其實不喜歡。有人問我，二十三歲才開始學跳舞，那他現在才二十二歲，能不能也變成一個跳舞的人？我說你不能，不是因為年紀，而是因為你只在想，如果真的想跳舞，就會去做了，然後你可能發現，原來跳舞不是那麼美麗的，總是一身汗臭，回家後肌肉痛得不得了，也許你就不喜歡跳舞了。

所以，年輕人有想法就趕快去做，你會發現原來這個也不喜歡，那個也不喜歡，最後才瞭解自己喜歡什麼，久了以後你就知道，並不是因為事情的結果，而是事情的性質跟過程。你不能坐在家裡想像自己，或者透過臉書來營造自己，要真的出去做，就算跌倒了，也才知道原來這樣做是會跌倒的。失敗不要緊，從失敗裡認識自己，認識自己脆弱的點，認識自己可能堅強的點。

雲門在一九八八年時曾暫停營運，因為那時第一代的舞者們都已經成家有小孩，我真的不知道如何安頓他們下半輩子，而我自己在八三年創辦了北藝大舞蹈系，長期蠟燭兩頭燒，我也燒乾了，怎麼看都看不出我之後會編出什麼舞來，所以決定結束雲門。當時雲門還有八國的邀約，從來沒有這麼多，可是對我來講，只不過是再坐八次飛機，回來以後仍然沒得休息，仍然沒有錢，所以，關了吧。結束後，雲門的人到耶魯大學讀燈光設計、劇場設計，我們的經理去讀ＭＢＡ，我自己則去逛了世界。等大家回來時，我們成熟了。重新檢討與面對，但我們沒有放棄，每個人出國唸書時，雲門始終在大家心裡。

雲門真正最大的本錢，就是曾經暫停過。所以，雲門再回來時，不再做短線的事，而是希望永續經營，雖然可能還是要跑三點半。一九九三年，雲門創團二十週年，我已經四十六歲了。我用十幾年的時間學編舞，用二十年的時間讓自己變成一個比較成熟的人。

陳文茜：你知道事情已經到了一個瓶頸，無以為繼，但並不表示你要放棄夢想，而是要讓夢想有更好的成長空間。一般人如果得到國際邀約，早就樂得要命跑去了，可是我看到在雲門有一項紀錄，你曾經拒絕國際邀約，一直到五年以後才答應，理由是你覺得雲門還沒有準備好？

林懷民：出國演出不是郊遊，去一次就回來，而是去了還要再去。但七八〇年代，連觀光旅行都很難，資訊也不多，我們跟鄭淑姬小姐這些創團舞者都覺得，有機會就要往外走。所以一九七九年第一次到美國時，八十天演四十二場，一九八一年到歐洲演出，九十天七十一個城市、七十三場，不是在台上演出，就是在巴士上睡覺，以及晚上睡覺前趕著把東西打點好。那幾乎是一個奴隸約，當時我們完全不懂行情。在那個時代，能夠去歐洲就去了。很有趣的是，當年鄭淑姬小姐曾在巴士上偷偷哭，但這些在那輛巴士上的人，今天都快六十歲了，幾乎沒有一個人離開他的工作崗位，所以當年那段經驗是很大的養分、很好的鍛鍊。

如果讓我一個人這樣去演出，我會死掉，可是因為集體的能量，大家挺過來了，也學習到很多東西。我們去了，所以世界看到了雲門，之後邀約就來了，那時如果不走這一步，就沒有後面的成果。不過，今天雲門去任何地方演出，至少都要一個禮拜，就只在一個城市演。你讓我們待一個禮拜，我們就不去。也不坐巴士，改坐飛機，除非移動的距離很近。

陳文茜：這次創作《稻禾》，你帶著雲門所有舞者去池上割稻，自己也下田去割，從中挖掘編舞的元素，所以割稻不再只是一個影像，你希望舞者能親自體會，再一次的淬煉、鍛鍊？

林懷民：一九七八年準備《薪傳》時，為了體會農人的生活，我們就去搬石頭，不是小石頭，是大石頭，所以找出一個很好的重心。這次的《稻禾》應該去插秧，種田，但這一回因為國內外的演出，時間沒有那麼多，所以去池上割稻子。所謂粒粒皆辛苦，去割一次稻就知道，割完後，背幾乎是要斷掉的。我們去割稻時，池上的一些老太太就坐在旁邊看，說：「那是台北來的啦！」意思是我們的姿勢都不對。可是我們在這裡面有很大的收穫，感到非常開心，也加強我們對池上的敬意。對所有參

夢想不是別人附加在你身上的，是你自己。如果你覺得這也不好、那也不好，也許可以做個清道夫把它掃一掃，可是，你若想把社會掃得乾淨一點，可能需要更大的掃把、更大的力氣。

與人來說，那是一個特別的人生經驗。

我們請池上富錦村的幾個田地主人喝茶，拜託他們允許我們長期蹲點攝影。村長問：「林老師，你選我們這個地方，是因為我們這邊沒有電線桿對不對？」那裡沒有電線桿，所以稻海的感覺才出得來。原來台電要去富錦村立電線桿的時候，村民們說不要，田會很醜，他們就去抗議，台電才把電線改埋到地下，造就了今天我們看到的一片漂亮稻浪。

原來，農民抗爭也有這一套，為了美。我們專注拍攝的這塊田，主人叫葉雲忠，是稻米達人，他和他的夫人請我到家裡吃飯，我在他家客廳看到一幅米勒的《拾穗》，覺得很有素養，又想到《拾穗》就是他的生活，不稀奇，可是我一轉身，完全嚇壞，是梵谷《星空下的咖啡館》。

葉夫人有一個大桌子，是她寫毛筆字的地方。她白天在田裡忙，晚上回家寫毛筆字，更有趣的是，她在頂樓牽了五、六條鉛線，像曬衣服一樣把書法一張張掛起來，掛得滿滿滿。後來我才發現，池上有很多人寫書法，我問他們為什麼？他們說「好山、好水、好無聊」，晚上大家就聚在一起寫書法、讀點書，這就是池上的人。

早上到田地拍照，一位歐吉桑停下摩托車跟我們聊天，說他準備要回家了。我說你真好，早上八點就下班了。他說他很忙的，因為實行科學種田，早上去巡田，回去要讀講義、要填表，還要開研討會。整個組織化運作，用機器插秧、收割，實行有機耕種，種出了很好的米，取得歐盟認證，行銷歐洲。這就是池上精神。

教我們割稻的是一位張先生，他示範、講解、開玩笑，鼓舞我們所有的人，我說：「你是一流的人，應該出來當池上的導遊」。他說：「林老師，我會不好意思，我是很害羞的人。」因為太太嫌他太無趣，所以他每個禮拜二就到台北卡內基學習溝通能力，上了幾個月的課。我問有用嗎？他太太說：「現在好多了，我們現在婚姻美滿，太快樂了。」

這就是池上的農民。我們生活在城市裡，對農民有先天的、定型的觀念，覺得所有農民都像《無米樂》那樣，覺得台北人比較高級，其實沒有，他們也是出來讀書再回家的。池上的這些朋友讓我非常感動，也非常慚愧，他們沒有去募款，沒有找贊助，風災來了或者氣候不好時，仍然自己打理自己，重新來過。我們在台北，有可樂喝、有Nike穿，是不是應該做得比他們更好一點。

陳文茜：林老師現在說話看起來非常祥和，但我看過他在排練場的樣子，其實是很恐怖的，非常嚴格，當他說：「好，這是最後一次」，其實是最後第十次。你在書中特別提到，平常在台北教舞者重心放低一點，舞步怎麼修正，但無論怎麼學，動作就是不對。這次雲門的舞者到池上去割稻，或是多年前去搬石頭，把腳踩到泥土裡，這樣的經驗帶來什麼不一樣的改變嗎？

林懷民：我們得到了不一樣的結果。雲門學內家拳、學氣功，這些傳統的訓練都講求要「壓下去」，我們常說扎根，腳要扎根三尺，這跟踮起腳往上蹦、打敗地心引力的芭蕾舞正好相反。舞者們一踩進田裡的泥，那感覺就來了，一踩下去，「扎根」，身體就鬆了，力量是完全不同的。

一定要走出去。也許一陣風來，便能感覺到不一樣的東西，成為很重要的啟發。我本來想，這回舞者們去池上，會不會瘋瘋癲癲把稻子割一割，高高興興拍些照就回去了。結果沒有，他們都有感動，分享時都講得很好，談到重量、生活和到池上的風。舞者對自己的身體如果沒有敏感度，很難做得好。

這次收穫最大的是我。當他們講出這些想法時，我才發現自己平時多麼閉塞，沒有看出他們的能力。所以我說要走出去，去碰觸外界，才能感覺到自己的不同。他們帶著新鮮的感受回來，我用新的眼光來看待他們，我們就能做出不一樣的東西。最可怕的就是把來跳舞當做是上班，下班回家就上臉書到凌晨三點，那已經不是宅了，叫做「閉」，甚至是「窄」，生活的全部就只有這樣，這是不行的。上班這兩個字並沒有錯，但是對一般人來講，上班就是去公司八小時，然後回家。但我們不

雲門舞集「薪傳」（攝影／劉振祥）

雲門真正最大的本錢，就是曾經暫停過。所以，雲門再回來時，不再做短線的事，而是希望永續經營。

是，跳舞不是上班。

我常常說進雲門的人，應該是有夢想的人。有人問我，在雲門裡遇到最難的事情是什麼？我說「要對抗整個社會」。因為舞者進來時，已經接受過社會商業文化的洗禮，一些觀念被定型了，雖然他一心想跳舞，但如果不把這些觀念挪開，新的東西就沒辦法進來。

陳文茜：你如何讓舞者挪開那些觀念？我們很多人也想挪開，怎麼做呢？

林懷民：很容易，把電腦關掉，或者真的到不得不用時才使用，馬上就有了眼睛可以看外面。有人說我應該找輛車代步，還要送我車子和司機，但我說我會怕，他問我在怕什麼？我怕從此以後，我只看到自己跟我的司機。

我喜歡坐捷運、坐公車，因為可以看到人，知道這個世界是怎麼回事。看到人們的煩惱和開心，這對我來講是很重要的。我喜歡在街上走，吹不同的風，看不一樣的人。如果我有了車子，可能要去比較貴的地方吃飯，才好找停車位，這樣我就變得很「窄」。只要我還能走，一定會坐捷運。每次坐捷運我都覺得好驕傲，台灣人很棒，我們的捷運是世界上最好的，像我們白頭髮的人常常有位子可以坐，因為有深藍色的椅子。

陳文茜：林老師在書裡有一段給年輕人的話，提到當你有夢想時，深入掌握你所著迷的東西是很重要的。

現在的年輕人接觸的資訊很多，物質條件也比以前的你好很多，哪怕你是林金生的兒子，也比不上現在的小孩。你覺得他們現在是好命，還是苦命？

林懷民：我覺得他們命很好，卻不一定好命，好不好是自己選的。我大概每個月一定要去誠品帶兩包書回家，到最後發現，滿書牆都是我的渴望，而不是我的學問，因為很多書都沒有讀。今天跟過去是不一樣的地方就在這裡。

之前提到，一九八〇年代我才存錢買了錄影機，當時只有兩支錄影帶，倒來轉去地反覆看，看到我都會背，就連某個動作是前半拍還是後半拍做的，都弄得很清楚，因為我花了時間。今天資訊發達，喜歡的東西不斷地來，你好像什麼都擁有了，但可能找不到一個真正想要的。今天的機會的確比過去多很多，但我認為，趁年輕的時候沒有包袱，多花一點時間做自己想做的，不管做了什麼，都會變成自己很重要的一部分。

我十四歲開始寫小說，二十一歲出書，這個歷程使我在編舞時佔了很多便宜。一般的編舞都偏重在舞者做很多身體動作，而我在編舞時，身體動作不是那麼多，但是我注意到結構的問題，不只是一直跳而已。只要你學過的，都不會忘掉，絕對是這樣。「廣」很好，但有些東西也要深入，要精一點。

陳文茜：林老師的作品不會停留，總是不斷地創新。台灣有很多藝術家或是各個領域的人都會出現停滯，有些藝術家一輩子成功一件事，就一直拷貝相同的方式，可是你不會。譬如《白蛇傳》大受歡迎，因為它把現代舞跟中國的古老傳說結合在一起，非常成功，但是你一下又跳到台灣的《薪傳》，回到屬於台灣先祖的故事。你似乎要把自己、土地和所有經歷裡曾經翻覆過的東西全部都找出來，創作了中國的神話、創作了屬於台灣人的記憶，可是你又不停留在這裡，而是跳到《我的鄉愁我的歌》，談台灣從農業社會走向工業社會的十字路口徬徨，同樣大受歡迎之後，又再跳到《九歌》，再來是《水月》，最後又變成《流浪者之歌》。

《水月》本身是非常禪學的，非常跨文化，不只是台灣的，也不是中國的。接著你又進入中國的書法裡，一再一再地創作，不斷地突破。這次雲門四十週年，變成《稻禾》。你從來不讓作品停留在某一個意識型態，也不會停留在某一個符號。你不為政治口號服務，但有時候你會懂得向你尊敬的創作者陳映真致敬。你永遠不會像某些人，因為某一種創作得到了掌聲，所以迷戀其中，因此不能進步，讓成功變成障礙，也不會像某些人掉到某個政治意識型態裡，得到很大的歌頌，你不這麼做，為什麼？

一定要走出去。也許一陣風來，便能感覺到不一樣的東西。

雲門舞集「流浪者之歌」（攝影／游輝弘）

林懷民：很簡單，舞蹈不會改變政治的現實。如果要做這種表達，寫一篇社論，會比用幾個月來編舞快一點，但也不一定有效。

我覺得自己總是在東張西望，如果你告訴我，明天跟今天是差不多的，我寧可不要起床。我希望每天都能看到更燦爛的太陽，或者陰天也可以，就是不要跟今天一樣。雲門的舞者也喜歡看到新鮮的東西，喜歡試不同的東西，有時候我讓他們做這個做那個，他們說：「老師，這個不是上次做過了嗎？」那就拿掉。我們都不喜歡做重複的東西。

蔡國強跟我們合作過《風影》。他的原則是：一、不可以運用傳統的符號；二、也不能跟西方一樣。我們努力往那個方向做，一路減法，有許多不可去的「地雷區」。彩排時，第一次看到作品在舞台上完整呈現，我跟他說：「國強，我們通通失敗了。」他說：「不會，我覺得很好啊。」整個舞台美學全是書法水墨，雖然舞台上沒有書法，可是在我的思維裏還是舊的東西，舊的眷戀。

這個故事的意思是，即使你很拚命想爬出去，還是會有一個東西把你罩住，而當你不努力爬出去時，那些水墨就不只是in the back of your mind，還會溢到前面來，把你淹死，所以，永遠要試著走出那一步。我常常跟舞者們講，這一回，一定要做一個失敗的東西，他們問：「林老師，你在講什麼？」我說，如果我們真的做出一個所謂「失敗的作品」，那一定是會超越觀眾想像的，甚至罵聲載道；結果觀眾卻這麼喜歡，他們拍手、擁抱，這讓我覺得我們做得不夠。應該更超前，應該要能讓他們咒罵，覺得「是這樣嗎」？

雲門在國內的戶外公演，是全世界藝術性舞蹈表演中最龐大、最壯觀的場面。熱門音樂會有幾萬觀眾是很常見的，但舞蹈不是。國外一些舞評家或記者問我，你是不是在台北演一套東西，到埔里、美濃、台東、花蓮，又演另外一套？我說不是，雲門在國家劇院的演出，到了戶外，到了屏東，同時也到倫敦跟巴黎，都是一樣的。事實上，正因為不斷地回到民間，把作品拿到南部、送到農村去演出，才使我變成一個比較好的編舞家。為什麼呢？因為世上沒有壞的觀眾，只有壞的演出。當觀眾看到壞的節目，當然會去打香腸、去抽菸、去講話。一定要把作品做到大家都願意席地而坐，連小朋友都看得目不轉睛、不亂跑，老太太也不會說看不懂、想回家。為了讓幾萬人坐在那裡看演出，覺得對內容感興趣，我們必須做最好的，如果他們沒有跑掉，如果下雨了他們還在看，那麼《紐約時報》大概也會買單的。

陳文茜：我發現林老師的成功，其中有幾個道理：第一，他的家教非常好，讓他知道自己是誰，不能靠任何人，既然有夢想，就要為夢想負責。第二，他從來不會迷幻於掌聲之中，從來不會，他知道自己要做什麼，哪裡不夠。第三，我們每個人都想去大城市，台北不夠大，還要去上海、北京，去巴黎、紐約，林老師說，這些地方我們都該去，可是我們更該去埔里、去池上、去自己的故鄉，回到最簡單的地方，因為只有這樣，才能讓你的創作擁有跟別人、跟過去的自己不一樣的創意。你覺得是這樣嗎？

林懷民：台灣的狀況是，當大家從農村出來，到了台北，又到了上海、北京、紐約，我們就不再回家了。當然，台灣有台灣的問題，但我始終覺得，台灣這麼小，當你有一點點能力可以安身立命時，應該回頭來關心或參與地方上的耕耘。

有人說，雲門到鄉下做戶外公演有什麼了不起？我想是沒什麼了不起，但是，除了選舉的場子，除了媽祖出巡，台灣人什麼時候會自動集合起來，幾萬人凝神聚集在一起？社會需要這樣的東西，如果我們不去，他們只好繼續看電視，一面看一面罵。讓他們過一個不一樣的晚上，這是雲門的心願。

我也曾經是一個鄉下的孩子，小時候看電影，看得眼睛發亮，晚上睡不著覺。我想，如果雲門不去，很多地方的年輕朋友就看不到，因為電視也不會演雲門舞集。難道他看到了，就會使他變成一個想跳舞的人？不是的，而是讓他知道有人在做另一種事情，擁有不同的觀點、不同的顏色、不同的聲音，甚至做很奇怪的姿勢也不會害羞。要讓年輕人的眼界放寬，台灣是有很多可能性的，農村才是台灣的根基，不是台北。

陳文茜：雲門舞集二千場的時候，我看到一個很驚人的場面，那天演的是《九歌》，舞台上有非常多荷花。台北不可能有這麼多又大又漂亮的荷花，林老師為了要讓那荷花是真的，跑到南部去找花。工作人員抱怨說那個人瘋了，為了那些荷花，清晨就要從泥濘裡挖出來，運到國家戲劇院，他們根本不是在搞雲門舞集，而是每天在弄爛泥巴。工作人員問林老師，為什麼不用假的，但你依然堅持。還記得你當時怎麼說的嗎？

林懷民：我說，這個社會裡真的東西不多，但是當一個真的東西出現時，大家會知道那是真的，而讓心裡得到很大的安慰。

（二〇一三年十月四日）

青年提問

提問

林老師認為年輕人有責任也有能力去改變世界，但現在有很多所謂的無感青年，對世界沒有任何的關注或關心。我們想盡辦法去影響身邊的人，但別人還是認為我們是怪咖。我們不像林老師有這麼大的名氣，這麼有影響力，您覺得我們應該怎麼做，才能影響更多的年輕人？

林懷民：你相信你在做的事嗎？你覺得真正做到這件事情是重要的，還是你只是喜歡這個感覺？過去我不懂舞蹈，在指導舞者的時候，我常常是不對的，所以我不斷地修正，永遠要找出最好的、最對的、最有效的方法跟舞者來溝通。我覺得你在跟別人溝通的時候，也需要尋找這樣一個方法，而且不斷地修正，我想你會得到一個好的結果。

至於別人覺得你是一個怪咖，今天的社會已經可以接受很多東西，不要因為別人覺得你是怪咖，你就認為自己果然是怪咖。別人認為你怎麼樣不重要，重點是你相不相信自己正在做的事情。

陳文茜：林老師，我覺得年輕人如果不是怪咖，那個年輕人就沒救了，你不覺得嗎？年輕人應該想辦法變成怪咖才是。

提問 林老師在幾年前的著作《高處眼亮》裡有篇文章提到，對於排隊上車這樣的小事也不能馬虎，如果對小事馬虎，就能看得出你的懶惰、不用心、人云亦云、沒有個人的主見。現在社會也強調要培養獨立思考的能力，要有自己的主見。可是，當你提出看法時，有可能不被人接受，因而質疑自己的價值觀是否正確。我們要用什麼方法，才能證明自己的價值觀到底對還是不對？

林懷民：我覺得還是回到你相不相信自己的問題。別人接不接受不要緊，但是如果這個人、這個事很重要，你就要想辦法檢討、成長。

提問 全世界只剩你獨自一個人，你在觀照自己內心時，心中最重要的、一直追尋的那個信念或是理想，到底是什麼？因為這個時代有太多東西會左右我們，使我們懷疑自己、質疑自己，但林老師似乎不斷堅持地去做那件事。

林懷民：我說過，希望把事情做得更好。不管有多少錢、有再多的獎，還是不能保證你編的下一個舞是好的。當我編完了《稻禾》，告訴舞者，我們還有三次機會來改，還有七個禮拜來改，他們聽了都面不改色，因為他們知道我就是這樣的。

對我而言，沒有一件事情叫做「做得剛剛好」。如果我自己都不覺得太好，別人說不好我大概也不要緊，他們說什麼我也可以聽一聽、可以改善。我不從善如流，可是我的耳朵是開著的，因為這樣才可能撞擊出一個新的方法給自己。而且，受傷不要緊，每一個人都受過傷，街上走著的每個人都受過傷，但還是走得好好的，所以不要害怕。

陳文茜：心中的夢想是什麼，必須自己去找。在尋找的過程中可能會受傷，但你有一個很大的本錢就是：你不是像我跟林老師這麼老。年輕人還有很多時間可以受傷。

提問 雲門舞集有一個流浪者計畫，有點類似壯遊。請問林老師，您覺得年輕人需不需要去一次壯遊或是一次流浪？在流浪之前，我們需要什麼樣的準備？請林老師跟我們分享。

林懷民：你不需要，因為如果你覺得需要的話，已經去做了。上雲門網站，或上Google打雲門流浪者計畫，就能看到很多資訊。我一直說要走出去看看，但你要知道，流浪者計畫是一個貧窮旅行，必須一個人去兩個月，旅費很少，如果帶女朋友去就不是流浪者計畫了，因為所有的時間都在看女朋友，就看不到外面。

提問 請問懷民老師，時間回到四十年前，你正要去尋找自己的夢想，當時被你父母打了一槍，爸爸突然跟你說，你做這個東西，將來會變乞丐，那時候你的心情是怎麼樣的？

林懷民：父母基本上是關心我的，而我對父母永遠報喜不報憂，因為你不能只想做你愛的事情，又回家說我受傷了，那是不可以的。父親跟我講那句話之後，我就決定，絕對不能讓雲門的舞者當乞丐，他的警告是對的。我不應該糊里糊塗去做，再來抱怨為什麼世界對我不好，覺得懷才不遇。以前沒有職業舞團，雲門是第一個，它當然是困難的。那時覺得跟紐約比，我們只是鄉下孩子，總是輸人家。但鄉下的孩子，別的沒有，就是有骨氣。所以我就決定，不能讓舞者們餓死。

陳文茜：我想問林老師，那時候在歐洲馬不停蹄地演出那麼多場，等於被當奴隸在使用，你難道不覺得這些白種人很可惡，欺負我們？因為這真的很不公平，是一種剝削，為什麼你們只是在巴士上偶爾流淚，最後還是一場一場辛苦地演完，是什麼樣的毅力？

林懷民：自己簽的約，所以只能怪自己，怎麼能怪到白人身上去。是我自己笨，沒有見識。我把合約拿給律師朋友看過，他說這種合同他是不簽的，可是那時候我覺得我們還是要去闖一下。

陳文茜：所以那是你自己的判斷，但你有想到那麼辛苦嗎？

林懷民：辛苦是一定的，但除此之外，沒有別的機會。一九七八年，我在紐約57街，以前那條街上有很多經紀公司，我一家一家拜訪，把雲門的資料遞給他們，都沒有人理我，但我被拒絕時也沒有很難過。那時國際上沒有人知道雲門舞集，而且現代舞跟台灣中間沒有等號。

我十四歲開始寫小說，到處投稿，被《聯合報》退稿，就寄到《中國時報》的前身《徵信新聞》，又被退稿，就再寄到《公論報》，文章來來去去地流浪，最後好像都能有歸宿，如果流浪了差不多三個月，自己看了看才覺得寫得很差，就丟掉。所以，被拒絕是應該的，因為寫得不夠好。你可以再奮勇，被拒絕不是死路，可以再試試看。只要你不放棄，沒有人能夠逼得你去任何地方，都是你自己走去的，而且僅是你一念之差，與外在環境和你的頭腦、能力通通沒有關係，一切都是自己的決定。

提問

懷民老師不曾因為過去的成功的經驗而停止創新，想做失敗的事，可是常常沒有成功，請問，是否正因為這樣而讓你更加成功？做持續創新的事，是來自你自己內心的渴望，還是你希望帶領雲門舞集的其他夥伴更往上一個等級？

林懷民：做這種事情，本來就是有病的。不然就賺個薪水，買車、買房，然後結婚，談小孩大學教育的問題，禮拜天去好市多、飲茶、打高爾夫，就一路這樣下去，有人過這種生活，而且不這樣做好像怪怪的，如果是這樣，你就會要求另外一種東西。

就像舞者，舞者是對動作永遠感到飢渴的人，就是要動，做完才會有藝術。而創作者就是永遠覺得自己的創作可以更好、可以不同的人。不然畢卡索為什麼要不斷改變，而有藍色、粉紅色、立體、新古典，各種不同時期不同風格的演化？

提問　雲門舞集是從林老師一個人開始的，請問你們是怎麼從一個人變成兩個人，最後變成一群以自己所在的團體為傲、為榮的舞團？

林懷民：請看《打開雲門》這本書，一開始就不是我一個人，是十一個人，第一屆就十一個人。當時所有的舞者，都有一種苦悶，我們有一個想像，想跟今天過得不一樣，這就是雲門最大的動力，一直到今天為止都是如此。

林懷民

由傳統美學舞出當代意識的編舞家。

蔣勳：少年台灣

□如果年輕朋友想為自己的生命幸福下一個定義，不要只問得到什麼，同時問一下我失去了什麼。

□我覺得人生好荒謬。這麼華麗的台前跟這麼辛酸的台後，是在一起的。

□即使到現在，我睡過好多了不起的臥房跟床，還是最懷念夏天那棵榕樹的床。

□現在的時代物質富裕很多，會不會也是一個難度？我究竟要什麼？不要什麼？

□什麼都有了以後，要回到沒有的狀況是很難的。

□希望台灣這個小小的島嶼，如果它有遠見，它是可以創造這樣的機會的，你可以成為世界的中心，如果你夠包容，讓世界的人都來這裡。

□我相信任何政府都需要他的人民不斷地去跟他抗爭、去讓這個政府更合理。

□試了離開大團體，單獨去流浪或者旅行，一定會看到最真實的東西，也會看到最真實的自己。

陳文茜：蔣勳三歲時到台灣，他常常說起這段故事。跟他熟的人稱他「蔣公」。蔣公這輩子談爸爸的時間比較少，談媽媽的時間特別多，因為他很佩服他的母親。

到台灣後，父親可以分配到一間宿舍，這個宿舍的選擇，改變了蔣勳的一生。當時生活太苦、太窮了，所以媽媽沒有選擇位在市中心的宿舍，而是選擇住大龍峒，附近全都是說閩南話的台灣本省人，只有他們少數幾個外省人住在那裡。大龍峒旁邊還有保安宮、華西街、孔廟，有各種不同的台灣元素。

蔣勳問母親，為什麼我們會住到大龍峒來，他媽媽說，因為我們沒有足夠的飯吃，所以要住在一個院子比較大的地方，可以養雞、種菜，大家才可以活下去。他的母親充滿了如何活下去的生活智慧。事實上，他母親是滿州時代的貴族，蔣勳現在介紹《富春山居圖》、中國古窯等，他媽媽說，以前家裡的櫃子都是這些東西。母親的背景，使得蔣勳追求美學，不像有些人去追求拍賣場裡的古董，因為他覺得，「美」不是追求實質物品的價格，美是無價的。

蔣勳原本是詩人，後來去了巴黎，回台灣後到文化大學教書，參與了那時黨外時期的左派雜誌《夏潮》，跟楊逵他們是好朋友，結果因此被文化大學解聘，一直到後來到民主化時期，才到東海美術系教書。

現在年輕人最大的抱怨就是買不起房子，蔣老師幾歲買第一棟房子？

蔣　勳：一九八四年，應該是三十八、九歲。買在八里，就是媽媽嘴咖啡旁邊。

陳文茜：那是很老、很老的一個公寓，那時候還沒有關渡大橋，回家是要坐渡輪的。蔣老師就安居在那裡，這幾年也沒想改變，不跟著別人炒房，也沒有住到市中心。現在那個房子雖然漲價，也漲不到一千萬是嗎？蔣老師當時的薪水多少錢？

蔣　勳：我當時在雄獅做主編，是二千五百塊台幣一個月。

陳文茜：蔣老師幾歲退休？

蔣　勳：我五十歲給了自己一個大禮物，就是退休。我現在已經六十五歲了。

陳文茜：你五十歲就退休，開始浪跡天涯，每個暑假就到八里去畫畫。對你來講，人生最大的意涵就是不斷地闖蕩？

蔣　勳：我不敢說得那麼偉大，我大概喜歡玩吧！

陳文茜：蔣老師說，他想要講他少年時候的台灣，他說那時候的台灣好苦好苦，可是沒有害怕的人。那個時候的台灣，不知天有多高，地有多厚。那時候的台灣，每個年輕人都充滿了渴望，想要去闖蕩。

去巴黎的時候，他覺得自己是去流浪的，身上也沒幾分錢，甚至想乾脆當個流浪漢，或許可以變成不錯的藝術家，他也參與了一九六八年法國的革命浪潮。即使回來台灣後，他也沒有特別珍惜好不容易得到的教職。那個年代的台灣，令他懷念。現在的台灣，變得比較富裕，但年輕人開始不勇敢了，老年人非常怕死，中年人很怕自己沒有撈到最後一筆錢，總覺得炒房炒得不夠。他覺得這樣的台灣，沒有他少年時期那個貧困的台灣來得可愛。他想幫大家喚回那個少年的台灣精神。

蔣　勳：比我小三十歲、四十歲的年輕朋友，聽我講我的童年和青少年時期，可能會有一種隔閡。那是五〇年代，我大概是一九五一年的元旦踏上這座島嶼的土地。我爸爸是黃埔軍校的軍人，他有一種軍隊訓練出來的、奇怪的忠心耿耿，所以他自願留在福建老家打游擊，他同期的同學先到台灣，後來都做了陸軍總司令。之後共產黨要抓他，我媽媽就覺得情勢不對。那時候我媽常常有一種母性的智慧，她覺得一定要讓這五個孩子逃出去，所以我們就藏在船的艙板底下，從閩江口漂流出來，漂流到白犬島，白犬島的意思就是白色的狗。

後來我回馬祖去找這座島，一直找不到，當地人才告訴我，原來已改了名字，因為蔣經國不太喜歡白犬這個名字，覺得不吉利，就改成莒光，叫做東莒、西莒，就是當初的東犬、西犬。我去過那個島上看了一下，對我而言，那是一個特別的遭遇。但一九四九年以後，經過這樣遭遇而來到台灣的人，其實滿多的。

踏上這個土地以後，舉目無親，什麼東西也都沒有，因為逃出來時，你什麼東西都不能帶。所以我常常跟朋友說，對傳統華人而言，祖宗牌位是一個很重要的記憶，可是我們在台灣過的第一個舊曆年是連祖宗牌位都沒有的，我記得父親用很工整的楷書寫上「蔣氏歷代祖先牌位」幾個字，貼在白牆上，再用黑貓牌香菸的空罐裝了米，插了三炷香，從父親到孩子一個一個向牌位磕頭。長大後看過很多豪華的祖宗牌位，可是我覺得最莊嚴的祖宗牌位，始終是記憶裡那張用小小紅紙寫就的牌位。離鄉背景之後，自己記憶裡還是有一個祖先的牌位，好像也是祈求一個庇佑吧。

到台灣兩年後，父親轉了公職，後來有朋友告訴我，我們在大陸多留了兩三年，即使是國民黨黃埔軍校出身，也可能被懷疑是匪諜。我剛來時沒有搞清楚，後來才知道當時情勢非常非常緊張，家裡被調查很久。大概也是這些原因，父親不願意再任軍職，轉到公職去，所以我們就有了第一個公家宿舍。那當時宿舍有兩個地點，一是在廈門街，一是在大龍峒。我媽媽帶我去看了廈門街，她只是搖搖頭，我也不知道她為什麼搖搖頭。那時我大概六歲了，母親帶我坐了2路公車，從火車站起站，終點站在大龍峒，下車的地方就是現在孔子廟的萬仞宮牆，我還記得我問媽媽說那個字怎麼唸？她唸給我聽，我不知道「仞」什麼意思，她說「仞」就是很高很高，是丈量的尺寸。

我們穿過孔廟，到了保安宮，母親很自然地在保安宮前拜一拜。後來我才知道，大龍峒是台灣同安人聚集的地方，同安人希望保生大帝能保護同安人，所以叫保安宮，現在是台灣台北很重要一個古蹟。保安宮左邊有一條很窄的巷子，現在都還在，穿過這條巷子就進到重慶北路二九五巷，我們看到一排四棟新蓋好的水泥房子，我母親看了以後，決定選擇這個宿舍。後來我大了，問她當時怎麼選擇大龍峒？因為廈門街外省人比較多，族群靠在一起，可能比較有安全感。

可是後來我想起，母親是滿州的貴族，她跟我講過，辛亥革命以後，西安城殺了一半的滿州人，所以她可能覺得族群靠在一起也不見得安全，我想她絕對有她的智慧。她選擇了一個完全陌生的地方，告訴我因為家裡有五個小孩，但父親的薪水一個月只有四十五塊台幣，靠這份薪水不夠養活一家人，所以母親已經在腦海裡籌劃，準備養雞、養鴨、養鵝、種菜這些家庭副業。

現在回想起來，我覺得那樣的生活不是苦，反而是快樂的。大概從小學一年級開始，放學回到家，書包一丟，我就去撈浮萍、撈蜆仔，把蜆仔砸碎拿去餵鴨子，有時候也會去挖蚯蚓給鴨子吃。生活裡的這些東西是苦嗎？其實也可能是一個很有趣的樂趣。我一直覺得做這些事情比在大龍國小上課還要快樂。在荒野、在鄉野當中，有時會抓到幾條黃鱔，我就很開心，父親還教我怎麼辨認蛇跟黃鱔的不同，要靠手去摸，黃鱔有黏液，身上滑滑的，如果摸到蛇就要趕快抽手。

鱔非常好吃，那個時候我們經常自己找很多食物。記得中國大畫家齊白石講過一句話：「有錢難買少時貧」，齊白石就是如此，因為貧窮，所以要去撈蝦子、養小雞，所以他老年時畫蝦子跟小雞，畫得好到不得了，沒有那樣的經驗跟感覺絕對畫不出來。我沒有孩子，如果有，我會讓他去過貧窮的日子嗎？我想我捨不得。所以，也許是一個因果，不是我要不要的問題，而是因為你恰好生在那個年代，所以有那樣的童年，經驗到很不同的東西。

家門口有一棵紅心芭樂樹，我們會摘芭樂吃，有時還摘扶桑花，扶桑花蒂的部分吸起來好甜好甜。你會發現大自然裡好多迷人的東西，每一天都在發現新的東西可以去玩、可以去嘗試。所以我常常會覺得，好像我並沒有後悔有過那樣的一個所謂貧窮的童年。我想給比我小三十歲、四十歲的年輕朋友回憶一下那個年代。我們住的社區家家戶戶都一樣，沒有電視，那時候台灣根本沒電視台，也沒有冰箱，沒有電話，當然沒有汽車，沒有空調，所有今天我們家裡有的東西，那個年代大概都沒有。一要到我小學五、六年級的時候，我們那條街有一家人經濟能力比較好，他們有了第一台冰箱，好像是美國進口的，好大一個冰箱，就放在客廳中央，社區的人都輪流去看，感到好羨慕。

陳文茜：放在客廳中央，那不是看起來像殯儀館嗎？

蔣　勳：那個年代很多人的冰箱都是放在客廳的，讓社區的人去看，很大方地說：你們家裡有剩菜都可以拿來放。大家知道那個年代，家家戶戶都沒有什麼剩菜，我們每一餐都是蜆仔跟空心菜兩樣食物，常常就是兩樣食物。可是很奇怪，大家都會硬要剩一點，就為了要拿去存放在那個冰箱裡。

那時候家家戶戶這種緊密的關係，真的很難得。說到這裡我不禁想，我今天得到了什麼，可是我失去了什麼。如果年輕朋友想為自己的生命幸福下一個定義，不要只問得到什麼，同時問一下我失去了什麼。我想生命的意義應該要兩方面一起去思考。

我再講一個故事，可能年輕朋友會覺得不可思議。那時候我們大概很不衛生，家家戶戶的孩子肚子都有蛔蟲，學校就會發打蛔蟲的藥，吃了藥以後，小孩子很調皮，不去上廁所，而是約了一起跑到山坡上，蹲在那邊一起比賽哪一個人的糞便裡蛔蟲比較多。那是我們真正的童年經驗。醫生會定期到學校複檢，所以學校常常要檢查糞便，我們必須用一個小火柴盒，把糞便放在裡面以後，第二天帶到學校去。可是有一天，這戶有冰箱的人家站在門口大罵說：誰這麼沒道德！把小孩子的糞便一盒盒地放在我冰箱裡！從此斷絕了我們可以放剩菜的權力。

我已經幾十年沒有去想這些故事。可是我想把這些故事講給年輕人聽，年輕人知道這樣的故事，可能心酸，可能覺得有趣。生活裡面的溫度，生活裡的溫暖，不完全是用你看待物質的條件來看，有時候可能要看更多更多。

我母親搬過去後，很快就跟這些語言不太通的同安婦人們學做年糕，學做各種的粿，摘黃瑾的樹葉來秤粿，家裡也開始蒸那些粿。後來她每次跟我爸吵架，所有鄰居夫人全部來罵我爸爸，我覺得她真了不起，竟然可以動員到這種程度，跟當地的人要好成這樣。

陳文茜：當地人都是本省人對不對？

蔣　勳：同安人，我們社區都是同安人。有一個四十四坎非常有名，就是同安人的商業街道，一邊有二十二家。

陳文茜：她罵你爸是用閩南話罵？

蔣　勳：沒有，我媽媽當時用很漂亮的京片子罵人，因為她是滿州人，其他人就用閩南話罵。

陳文茜：那你爸更慘了，根本連人家罵他什麼都不知道。

蔣　勳：我爸爸知道，他是福建人長樂人，所以其實對台語比較熟悉，可是很奇怪，我爸爸反而沒有我媽媽跟人那麼親，我想那個因為軍隊的訓練。我也覺得語言不是重點，語言真的其實不是重點，而是在於你的表情、你的肢體，讓人很快就熟悉起來。

我剛剛提到四十四坎是條商業街道，街上大約都是村落裡會需要的雜貨店、藥店、撢棉花的店。撢棉花可能年輕朋友不知道，棉被睡了以後一年會硬掉，不暖了，所以每年要把棉胎拿去店裡撢一次，店家有一把很大的弓，專門撢棉花用的。

常常家裡沒有麻油了，母親就給我一個杯子，叫我到前面陳媽媽那邊去打一杯麻油回來，我就去了，從來也沒付過錢，也不知道他們到底怎麼付帳的。這種社區的鄰里關係恐怕現在很難找得到，而我母親一個外地來的新移民，立刻就可以得到這樣的信任。回憶起童年，我有一點想慢慢把它寫出來，讓比較年輕一代的朋友知道，我真的不覺得它完全是辛酸，反而覺得裡面有很多喜樂的事情。

保安宮供奉的是保生大帝，傳說保生大帝是古代的醫生，因為醫術非常好，幫許多人治病，老百姓也覺得祂可以庇佑萬民，所以供奉祂。當然，保安宮也還有保護同安人的意思在裡面。有一天母親走進保安宮拜拜，廟方介紹說這個醫生因為對皇家治病有功，後來封為英惠侯，英雄的英，恩惠的惠。我媽媽嚇一跳，因為這正是她的名字，她叫做陳英惠，所以她說要常常來這邊拜一拜。有時候我覺得，這些故事裡好像有邏輯，有時候又覺得好神祕，就是你跟一個土地發生了這樣的緣份，到我二十五歲去巴黎之前，一直住在那裡。

每一年都有長達幾個月的保生大帝的生日，會演歌仔戲酬神。歌仔戲演出大概是社區裡的大事，四十四坎做生意的商家，經濟條件比較好，所以他們會湊錢請一個流浪戲班來演戲。我最喜歡看流浪戲班搭戲台，其實常常是一輛破破爛爛的小貨車，裡面有道具，還有一家人，他們常常是一家人。戲開演了，我就在後台躲著看，那個演王寶釧的花旦在化妝，漂亮得不得了，滿頭都是珠翠，穿著錦緞，然後嬌滴滴地出場，飾演那苦守寒窯十八年等丈夫回來的女人。可是她到了後台，她先生就會給她一巴掌，責備她讓小孩哭鬧，她就趕快解開漂亮的戲服給孩子餵奶。我在台前看到的王寶釧，跟在後台看到的王寶釧是這麼的不一樣。

陳文茜：給你的啟發是什麼？

蔣　勳：我忽然覺得人生好荒謬。這麼華麗的台前跟這麼辛酸的台後，是在一起的，可是我沒有看到這個王寶釧掉眼淚，她餵完奶後整頓好，鑼鼓前面已經敲起來，她立刻出場，又開始嬌滴滴唱她三公主的戲。我想那個年代，包括戲台都在講人生的兩個狀態。所以我常常逃學，我很不喜歡學校的課，一直覺得學校的課好像沒有教我什麼，反而是這個舞台教了我許多。我還去看布袋戲，布袋戲也是好得不得了，出場、定場時之漂亮，全部是國寶級大師李天祿的戲。我們從小就看李天祿的布袋戲，也不知道他是國寶，他不過就是一個流浪的布袋戲師傅，透過布袋戲語言的漂亮、動作的漂亮，把他一生對人生的看法和感慨，藉著戲劇，在台前不斷地讓孩子們吸收到。

其實在台灣設立十六個縣市的文化中心之前，在有兩廳院之後，音樂廳、國家劇院之前，我不覺得台灣的社區一定少了文化，只是文化的定義可能有點不一樣，因為那些老人家會沒事把我叫出來說：「我教你唱南管」，就這麼唱起南管了，是用工尺譜、工尺譜寫的《泣顏回》的曲牌，我們就在那邊學唱。其實，我想這是華人社會傳承音樂、繪畫的方法之一。保安宮每隔幾年就會有老師傅去畫呂布戲貂蟬，他會跟我講那些故事，我想我最早的美術老師其實是那個師傅。我們現在知道台南有一個了不起的、畫廟宇壁畫的潘麗水，其實這樣的師傅很多很多。當年這個師傅，我沒有問他名字，也不覺得他多偉大。

陳文茜：可是他是你的啟蒙者。

如果年輕朋友想為自己的生命幸福下一個定義，不要只問得到什麼，同時問一下我失去了什麼。生命的意義應該要兩方面一起去思考。

蔣　勳：對，他是我的啟蒙者，他教我那個線條怎麼勾，告訴貂蟬是什麼樣的一個人，所以你要怎麼表達她多漂亮，其實他也是在戲台上看來的。廟宇底下一個一個的那種交趾陶，做得小小的那個尪仔，每一齣都是一戲，什麼三國的過五關斬六將，各種的戲。我比較大一點時很頑皮，會用芭樂樹岔開的樹枝做彈弓，每天練習我的彈弓的瞄準技法，用它打一個交趾陶的尪仔下來，所以後來有朋友跟我說那是要被保護的古蹟，我都不敢講話了。

我想民間很奇怪，其實那個廟宇隔幾年就修一次，他們對古蹟的觀念，也許跟我們今天真的不完全相同。他們修廟因為是對神的崇拜，覺得我生活好了，就應該要把我生活裡富足的東西去供養那個神，所以那個廟是越來越華麗的。當然，修建重整、光大門楣這件事情，就是破壞古蹟，因為它沒有保留原有的東西，我覺得這些部分，很可能是我們的傳統裡本來就存著某些矛盾。

陳文茜：你覺得比較起來，現在年輕人他們失去什麼？你失去什麼？

蔣　勳：我不知道，如果在這個年代，我也會想要有一個iPhone、一個iPad，我想我會一樣的。可是我當時沒有，所以得到了另外一些東西，譬如我的午睡全部是睡在大榕樹上。保安宮前那棵大榕樹有很多橫的枝芽，我就睡在那邊，讓夏天的蟬聲整個把我包圍，然後聽到我媽媽叫著「弟弟……」一路找我，我不回答，因為我覺得那是我最快樂的時刻，我跟我自己在一起，跟我的夏天蟬聲在一起。

即使到現在，我睡過好多了不起的臥房跟床，還是最懷念夏天那棵榕樹的床，曾經有一段時間，我幾乎每個夏天的午後都睡在榕樹的枝芽上，我不曉得年輕朋友會不會也羨慕我？如果我羨慕你們的iPhone、iPad，你們也可能羨慕我的另外一種生活。

陳文茜：我要特別提一下，蔣老師是全台灣最爛的中學強恕中學畢業的，所以唸台大的人，不要覺得你們每個人都可以成為馬英九，也不要覺得你們每一個都可以變成什麼台大畢業的優秀人才，現在已經越來越少了，尤其是法律系的。

蔣老師唸強恕中學的時候，有一個非常重要的經歷。那是一所全台灣最爛的流氓學校，那時候不叫流氓，叫太保。你去唸建中、唸北一女、台中女中，你的老師一定是很正常的那種，而他唸強恕中學，就碰到了一個很特別的老師，還有很特別的同學。請蔣老師談一下你的「少年台灣」。

蔣　勳：那個時候初中、高中是分開的，要兩次考試。我初中在師大附中，考得還不錯，家裡也都很滿意。可是很不幸，我讀師大附中經常要坐二路車，從大龍峒到衡陽街那一帶，再轉車到現在信義路的師大附中，轉車的地方就是敦煌出版社，現在已經拆掉了，出版社拆掉的時候我很難過，因為我在那邊看了最多的書，下課轉車時就會跑進去看《戰爭與和平》，有四大本，我覺得真是好看極了，比教科書好看太多。一看就看很久，覺得再不回去大概要挨打了，就在書頁上折一個角把它放回去。因為那個年代我們沒有零錢可以買書，所以第二天我就再去看，把四本都看完了，這個書還是沒有賣掉，我一直很感謝敦煌出版社。托爾斯泰的《戰爭與和平》、《復活》我都是在敦煌出版社一本一本看完的。

可以想見，我學校功課會壞到什麼程度，當時初中有一個英文老師，其實我想他很好，台大外文系剛畢業，教我們，也疼我們，可是他去逼我們讀書，後來我英文幾乎完全不管。他有一次說，以後你站著上課，每次背五個單字，我就讓你坐下來。我記憶力很好，這個事對我來說太容易，可是很奇怪，我覺得他有這樣的界定，那很像我媽，所以我就是不背，於是就這樣站了一個學期，後來就去了強恕中學。

強恕中學在同安街附近，這個學校很特別，是當初跟孫中山一起革命的同盟會會員鈕永建後來在上海辦的子弟學校（後來在台復校）。我進去以後發現一件驚人的事，高一教我們英文的王元輿老師，就是我在敦煌出版社看托爾斯泰那本《戰爭與和平》的譯者，他講了一口上海話，我大部分都聽不懂。後來又碰到了高二教我英文的老師陳映真，他剛剛從淡江英專畢業，剛剛寫了《我的弟弟康雄》這部小說，然後他就一路帶著我寫小說了。所以我想，強恕是我非常非常感謝的一個學校。

我在這裡遇到王元興老師、陳映真老師，他的本名叫陳永善，後來被逮捕了，因為左派，還有一位教其他科目的翟黑山老師，當時學校有很多這種奇奇怪怪的老師。在三年當中，我幾乎都沒有上教科書的課，全部在辦校刊，還有崔小萍女士教我們廣播劇團（崔小萍為電台廣播劇名人，歷經白色恐怖坐牢十年）。

陳文茜：那也是匪諜不是嗎？所以走向左派大概很自然。你的老師是匪諜，你的同學是太保，我覺得那個學校太快樂了，專出太保跟中國小姐，好幾屆的中國小姐都是強恕的，我還記得我們以前都講台大無美女、交大無帥哥，我想帥哥美女全部都在強恕。

強恕是一個特殊的學校，那個時候第一個跳到瑪莎·葛蘭姆舞團的原文秀也是強恕的，崔蓉蓉也是強恕的，所以在那個年代當中玩吉他、玩搖滾、跳現代舞的都是強恕的，我覺得其實應該有人好好談一下這個學校。當年在台灣那麼威權的保守政治底下，它是一個非常特立獨行的學校，不過師大附中也不錯，師大附中至少出了五月天的阿信。

蔣　勳：附中其實我也很喜歡，但在強恕的那三年當中，我得到更多的鼓勵，可以放手從事喜歡自己的文學戲劇，所有這些有的沒有的這種東西、在正規教育裡沒有人鼓勵你的東西。其實家裡也不鼓勵，我父親也不會鼓勵，他當然希望我要好好地走一個正規學歷的路。可是那個時候我已經完全不管，所以寫小說，寫了《洛洛的故事》，得了台灣省全省小說比賽第一名。還有我們的廣播劇團，也是第一名。

陳文茜：所以如果你當時唸師大附中或是建中，很可能家裡給你的要求就是你的功課要好，但是因為你唸了強恕，你們全家就放棄你了，就讓你去寫小說，可以這樣說嗎？

蔣　勳：沒有，其實沒有放棄，還是逼得不得了，可是一進校門以後，你就自由了。我非常感謝鈕永建先生的孩子鈕長耀，那個時候他是校長，我就讀的三年當中，每次開朝會，他從來沒有講過一句話，我沒有碰到一個校長從來不訓話的。

陳文茜：你怎麼不早一點告訴我們，我們都去唸強恕就好了，升完旗就解散。

蔣　勳：我想當年真的沒有這樣的學校，真的沒有。我初中的朋友升到建中、附中，他們跟我說，我們都要昏倒好幾個，校長才停止訓話，那個年代會是這個樣子的，可是鈕長耀校長從來沒有講過一次話，從來不訓話。

陳文茜：蔣老師二十五歲去了巴黎。有一次我問陳郁秀，她也是去巴黎。她去巴黎是因為她父親，本土畫家陳慧坤先生，那時候當畫家最大的夢想就是去巴黎，可是她父親只有足夠的錢到日本去，所以他最大的願望，就是讓女兒實現他人生的遺憾。好不容易存了一點錢，就把才十四歲的陳郁秀送到巴黎學音樂，他說因為在這裡學音樂只是在彈鋼琴，到巴黎去學音樂，還會要你學藝術、學文學，要你學許多東西，你有了感情，才能彈一手好音樂。

我問了陳郁秀一個很蠢的問題：「妳爸爸怎麼捨得十四歲就把妳送出去？那你們家有幾個人陪妳出去？」陳郁秀看著我，一副我不知民間疾苦的樣子，她說：「文茜妳知不知道，我們那時候都是單程機票，因為一張機票等於台灣人一年的生活費用。」

蔣老師，你二十五歲去巴黎，應該也是單程票對不對？家裡那麼窮，你怎麼有勇氣去？

蔣　勳：我想現在年輕朋友真的不太知道那時候的情況，飛機票很貴，而且我大哥那個時候幫我買的飛機票是印度航空公司，要先飛到香港，再從香港轉孟買，再從孟買轉到阿拉伯的國家，然後再轉到倫敦，從倫敦再倒回來到巴黎，四十小時。

在機場的時候，家族的親戚朋友都來送機，你就簡直嚇死了，因為那個花圈要戴到你照相都看不到了。那時候出國是好像一種儀式，我媽媽當然哭得一塌糊塗。我到巴黎以後，打開我的箱子，裡面有各種顏色的線，她大概希望我衣服破了要自己補。原本線都是纏在木頭輪子上，比較重，但飛機有限重，所以她就把所有的線重新纏在一張紙上，我就看到一綑一綑紙上纏的線，然後還有大概六、七十把的牙刷，他們大概覺得我到荒漠去了。

或者，我想他們是在戰亂裡逃難逃怕了，覺得大概再也見不到我了。大家都知道，那時戰亂逃難的時候，很多孩子身上都會有一點金子，還會留一個你的名字、爸爸媽媽的名字，還有地址，就是希望萬一有好心人撿到這個孩子，拿了那個錢，可以把孩子交回去。所以我想他們有離散的恐懼。

但那個時候其實我很開心的，因為我讀大學的時候已經開始很不喜歡台灣的教育，以及台灣當時的狀況。高三的時候，我們已經跟著陳映真讀英文版卡謬的《異鄉人》（*The stranger*），還有存在主義的東西，產生了對政治自由的渴望，對民主的渴望。

那時候沒有桃園機場，都是從松山機場起飛。我常常跟朋友講，好奇怪，那時我有一個衝動，很想把護照撕掉，覺得我不想回來。我的頭髮是自然捲，那時候走在街上警察會把我叫住，說你燙頭髮，敗壞道德，就把它剪了一塊。然後你所有的制服都是軍服。我想現在年輕人很難想像那個時代，怎麼會是這樣的一個台灣。

陳文茜：那個時代我也有過。在學校的時候，因為我也有自然捲，所以台中女中的教官就說

台東池上（攝影／蔣勳）

曾經有一段時間，我幾乎每個夏天的午後都睡在榕樹枝芽上，我不曉得年輕朋友會不會也羡慕我？

我去偷燙頭髮。而且他很無聊，規定我們每個人頭髮都要剪得像個傻瓜一樣耳上幾公分，那幾公分還要用尺來量，你說這種人是不是有精神虐待症。

教官一口咬定我是燙頭髮，結果我怎麼對付他，我跟外婆要了錢，第二天就燙個爆炸頭去給他看，我要告訴他什麼叫燙頭髮，我要好好地給你一個經驗，讓你不要變成一個說謊跟胡說八道的教官。

蔣　勳：文茜的年紀還是比我小很多很多。我覺得台灣的威權其實慢慢地在改變，真的慢慢在改變。我們那個年代的恐懼其實真的非常嚴重，學生畫一個壁報，都可能被教官叫去問一整天，問你為什麼畫一個紅色的圈圈在那裡，而你完全不知道什麼原因。

陳文茜：我們那時候，台中太陽餅店裡有一個向日葵磁磚壁畫，還差點被當成匪諜抓起來，所以我想現在我們講到白色恐怖，其實是一個很抽象的名稱，大家已經對它的印象已經不具體了。那時候你怎麼敢去巴黎？你那麼窮。

蔣　勳：我繞了四十個小時，到倫敦再轉到巴黎，我都已經快昏掉了。跟我一起去的是畫家奚淞，還算好，有一個伴。巴黎有一個女同學姓侯，她在那邊畫畫，我們大概只認識她一個朋友。我們借住在她房間，那房間叫做屋頂間。

一八五〇年代有一個叫歐斯曼的市長曾經改建過巴黎，房子大概都是六層樓，在頂樓七樓會有一個有天窗的斜屋頂的很小的房子，就是屋頂間，其實是古代的傭人房。

沒有電梯的時代，貴族當然就住在底下，傭人就砰砰砰跑上跑下。那種房間沒有暖氣，冷得要死，也沒有廁所。後來我在台灣讀過一本書叫《屋頂間的哲學家》，因為所有窮得不得了的文學家、哲學家、畫家都住過那種地方。我們就很嚮往，覺得住那個地方很棒。那個年代，我們都有那種浪漫的想法，住在那裡就覺得好開心。

姓侯的女孩子就跟我們說，你們累了吧，先休息一下。我說不累，我跟奚淞同時就說我們要上艾菲爾鐵塔，所以那天晚上，十月六號，我們就砰砰砰用爬的爬上艾菲爾鐵塔。然後你才知道，你用走路上去跟坐電梯多麼不一樣，因為可以你從不同角度看到腳下的巴黎。然後我就想到十九歲到巴黎的一個西班牙窮小子畢卡索，對著巴黎說：我來了。我覺得好過癮。你年輕的時候一定要去做這件事，所以後來我讀到海明威講的一句話，他說你如果有幸在年輕的時候住過巴黎，後來一生你到哪裡去，巴黎都會跟著你。我想那個城市的迷人之處，大概是如此吧。

陳文茜：今天請你來宣傳台灣，不是宣傳巴黎，不要搞錯了，蔣老師。

蔣　勳：對不起，我在巴黎第一年、第二年的時候，完全沒有想台灣，因為我簡直瘋了。在那邊我可以到電影圖書館一天看五場電影，在台灣的時候，我知道柏格曼的電影有多好，可是看不到。然後又去新聞教育院，有個神父偷偷帶了一部《處女之泉》，我們都以為是黃色影片，聽那名字好奇怪，裡面講瑞典話也聽不懂，神父還想辦法翻譯一點點。

到巴黎之後，戲院可以一天五場都演柏格曼的電影，《野草莓》、《處女之泉》、《第七封印》，我一部一部地看，幾乎在一年裡面把所有在台灣禁忌底下看不到的電影全部都補起來，我覺得那個飢餓跟快樂難以形容。看電影看到凌晨兩、三點，就走回家去。電影院在艾菲爾鐵塔那裡，走的路程大概是今天從總統府走到景美都不止，可是你覺得那段走回去的時光好快樂，就那樣走在巴黎夜晚的街道上。

因為巴黎有太多傳奇，讓你覺得你沒有那麼孤獨，因為所有死去的魂魄都跟你在一起，所有遊民，所有落魄的人，所有窮光蛋，所有的鄧肯都跟你在一起。因為他們年輕的時候都在這裡流浪過。所以我覺得那個城市的偉大，是因為它接納了所有這種流浪的魂魄，我想現在還留著海明威去過的那個莎士比亞書店，如果大家去巴黎一定要去那個地方，在那邊混一混都好。年輕時在巴黎是多麼快樂的一件事，因為你不會想到權力、財富所有世俗裡計較的東西，只會想著我要在這個城市如何如何完成我自己，可是也不清楚自己要什麼，其實有一點模糊，可是就會一部一部電影接著看開始到處大街小巷去走。

一個城市它了不起的地方在於包容，所以我常常希望台灣這個小小的島嶼，如果它有遠見，它可以創造這樣的機會。如果你夠包容，讓全世界的人都來這裡。

這樣一個城市，我稱它是一個有年輪的城市，因為從一一六三年的巴黎聖母院開始，它一圈一圈向外擴張範疇，如果大家去巴黎聖母院可以看一下，廣場上有一個銅牌，一面有一個0，就是巴黎的0座標，巴黎的一公里、兩公里、三公里，都從那個0開始，那是地理的中心，是歷史中心，也是信仰的中心。我回來以後常常問朋友說，台北的0座標在哪裡？我希望找到那個城市的0座標，因為如果有這個0座標，這個城市慢慢一圈一圈擴大的記憶就不會被抹煞。大龍峒絕對是一個0座標裡面很內核心的一環，艋舺也是，就沿著這一條淡水河。可是當我們去東區時，很可能我們會丟掉所有0座標開始的核心，那麼這個城市就沒有累積。

在巴黎四年給我的感受是，一個城市它了不起的地方在於包容，它自己在十九世紀末出了像莫內、雷諾瓦等印象派的藝術家，人才輩出，可是到二十世紀二〇年代的時候，所謂的蒙巴拿斯畫派、巴黎畫派，裡面幾乎都不是法國人，常玉從四川去，藤田嗣治從日本去，莫迪利亞尼從義大利去，畢卡索從西班牙去，蘇丁從俄羅斯去，全是外面來的，他們共同創造了巴黎的榮耀。

所以現在我常常希望台灣這個小小的島嶼，如果它有遠見，它是可以創造這樣的機會的，你可以成為世界的中心，如果你夠包容，讓世界的人都來這裡。

陳文茜：你覺得我們夠不夠包容？

蔣　勳：我覺得不夠。蔡明亮，我的學生，在得到國際影展的導演獎之後，新聞局還在猶疑說要不要給他輔導金，因為他是馬來西亞僑生，我說你們就給他吧。我覺得有一點傷心，因為我想法國人沒有問畢卡索是不是西班牙人，常玉是不是中國人，藤田嗣治是不是日本人。

陳文茜：法國前文化部長安德．馬侯說法國人留給二十世紀三個禮物：戴高樂、畢卡索、香奈兒。西班牙人氣死了，說畢卡索怎麼會是你的，是我們的。

蔣　勳：我在巴黎大學上課的時候，當場就有一個西班牙來的學生跟老師吵起來了，因為那個老師說「我們法國的畢卡索」，他就覺得畢卡索是西班牙人。可是我知道，一個在十九歲時去到巴黎，跟巴黎說「我來了」，然後一直到九十幾歲的畢卡索，他真的可以是法國的。現在巴黎的畢卡索博物館，是他抽遺產稅成立的博物館，而且是在他的拉丁區裡面。

陳文茜：回頭談「少年台灣」。現在很多年輕人只要想到政府要開發哪裡的學生，尤其是陸生，就覺得好像十三億人都要來了，怕都怕死了。如果你覺得，我進台大很不容易，但名額可能被佔走了，那我可能要得到什麼工作，我的工作可能會不見了，這個大概是台灣現在的思考模式。

少年的台灣，不敢讓別人進來，現在的台灣呢，很多人還停留在少年的台灣裡，不敢讓別人進來，也不太敢像您當年那樣直接出去流浪，這是我們的台灣的現狀。剛才我特別介紹，蔣老師覺得當年的他，真的是不知天高地厚，可是台灣現在擁有很多國際資訊，你們那個時候國際資訊應該很少吧？

蔣　勳：非常少，其實我那時在巴黎上課時最吃虧的就是，老師講到的東西你幾乎都不知道。他可能會講到一個重要的導演，你不知道，他可能會講到各種東西，因為他們上課的時候不會只侷限在那個專業，他覺得那是共同的常識，是常識問題。

於是我們就會發現，原來台灣當時真的非常封閉，所以我後來在電影圖書館每天補五場電影，因為電影當時是台灣最大的禁忌，連黑澤明日本當時這麼重要導演的電影其實也沒看到幾部，我大概在台灣只看過一部《紅鬍子》，可是那個老師講到他的《七武士》、《生之慾》，我都沒有看過，所以我就開始慌了，覺得我一定要把這個功課補起來，因為他認為你一定要知道的，他當時在談的是一個文化的基礎課程，你怎麼可以不知道這些東西。

陳文茜：所以當時你失去的機會是——在台灣所有的資訊是被鎖起來的，很多電影都很難看到，譬如說柏格曼的電影，楚浮的電影，應該也沒什麼機會看到，那時候還沒有大島渚的《感官世界》，這更不要講了。那些電影大概統統都不存在在你的世界裡。

清邁無夢寺菩薩微笑（攝影／蔣勳）

試著離開大團體，單獨去流浪或者旅行，一定會看到最真實的東西，也會看到最真實的自己。

某個程度來說，當時大多數的國際政治知識你也幾乎沒有，不會有人來跟你討論一九一七大革命，也不會有人跟你討論一九二九年大蕭條之前，歐洲崛起，大量的社會主義政黨，這些你都不知道，也不知道什麼叫巴黎公社。現在的年輕人，他們取得這些書籍跟資訊都沒有問題，可是他們全部上維基百科，裡頭錯誤百出，但他們都不太願意真的去閱讀這些書。

其實蔣老師的年代沒有老我幾歲，我大學畢業的時候，也是每天看這些第三世界、看柏格曼這些人的電影，當時這些電影都不可能在台灣放映，不完全是禁忌的原因，而是根本沒有這種觀眾，只有少數的人到電影圖書館把它借出來看。那個時候我們沒有什麼錢，可是我會訂英國《衛報》跟美國的《衛報》，英國《衛報》比較中間偏右，美國的《衛報》是完全左派的報紙。訂這個報紙非常貴，要好幾天才會送到，有時候甚至延誤一個禮拜。我在那個報紙上看到了北愛爾蘭共和軍（IRA）的巴比．桑德斯（Bobby Sands）在牢裡如何絕食，對柴契爾夫人要求一個政治犯的人道待遇，但柴契爾夫人絕不投降。最近我看到柴契爾夫人去世的新聞，就回想那個年代，現在的年輕人電視隨便打開CNN，就可以看到非常多的國際資訊，不要花任何的錢。

我要特別請教蔣老師，就像齊白石所說的，你們年輕的時候非常貧苦，所以某個程度來講，也養成你到哪裡都可以吃苦，到哪裡膽子都非常大的特質。比較起現在的年輕人，你們當時取得知識的機會非常少，現在年輕人隨手可以取得，但是他們反而不珍惜，因為太容易取得了，所以它已經變成不是那麼珍貴的一件事情了。可是在你們那個年代，是飢渴地在尋求知識，你要不要談一下這個話題。

蔣　勳：我想年輕朋友在我那個時候出國，相信震撼會非常大，因為街頭所看到的東西和當時封閉的台灣完全不同。

我們在巴黎第四大學上課，課上一半底下就爆炸，所有人開始疏散，一九六八年的學生運動是鬧得非常嚴重的，學生跟工人、農民所組成的軍隊已經可以佔領總統府了。我去巴黎的時候是一九七二年，已經慢慢好轉，但那樣的氛圍會讓你覺得規規矩矩的讀書、一切的體制、學歷等等，是被所有人嘲笑的。將來的世界要有一個更大的顛覆，人類正在追求一個很浪漫、甚至是有一點莫須有的幸福感。

我們參加了一個無政府的組織，各國的年輕人住在一起，就像一個公社，幻想人類可不可以沒有政府、沒有階級、沒有貧富，而是人與人這麼單純的依靠在一起。那時候我們在街頭發小傳單、打零工，賺來的錢就放在一個盒子裡，共用賺來的錢，直到有一天，發現有人把我很辛苦打工的錢都偷走了，我就開始幻滅，但二十五歲以前要相信這個夢幻，但二十五歲以後再相信就是個傻瓜。但我想我不後悔，這個運動並不完全只是負面的。

我在回憶我那個時代裡面，有一些東西你真的夢想過，而且那個夢想好真實。那時我的老師跟我說：你為什麼不去佛羅倫斯看一看，我說我沒有什麼錢，那個老師說：你為什麼一定要有錢才能旅遊？有一天他開車把我帶到阿爾卑斯山邊的一個地方叫柏松冰河那個地方，面對著白朗峰白雪未化的高山，他說你看：多少年輕人身上掛了牌子在等搭便車。他把我放在山上就走了。我就在路邊搭便車，就這樣一直走一直走，在義大利跑了一個月。到最後，幾乎每個週末就開始在某個交流道掛牌子，上面寫一個地名，寫哪裡都可以。

我的父母他們在戰亂的辛苦，所以對孩子太保護。我在颱風天約幾個朋友要去騎單車，媽媽立刻就哭著出來，覺得我已經死掉了。戰亂裡的恐懼陰影太大，我們戰後一代身上其實也有，我在東海做系主任時，也會忽然緊張起來，覺得有責任提醒學生。

我發現我身上有兩個矛盾，一個是出走流浪的、冒險的；另一個就是父母在不遠遊。我活著要高高的飛起來，但在傳統當中大概很難飛起來，這兩個東西沒有絕對的對錯，而是怎麼去平衡，尤其是在自己年輕的時候。

陳文茜：蔣老師，你覺得現在的年輕人該怎麼辦？

清邁無夢寺僧人遶塔（攝影／蔣勳）

現在的時代物質上富裕很多，會不會也是一個難度？我究竟要什麼，不要什麼？什麼都有以後，要回到沒有是很困難的。

蔣　勳：華人世界有一個習慣叫抓週，如果男孩子抓了化妝品也不要有太大的反應，他很可能變成很好的彩妝師、也可能像吳季剛那樣去設計服裝。對於不同的時代有不同的包容與鼓勵。每個時代都有每個時代的難度。父母輩的時代是面對戰爭的難度，那個時代東西很少，所以我們要冰箱、要電視，一步一步要，我覺得那都不難；但我在想，現在的時代物質上富裕很多，會不會剛好也是一個難度？我究竟要什麼？不要什麼？我想這也是一個很難的事，現在什麼都有了以後，要回到沒有的狀況是很難的。所以我其實要對這一代的青年致敬，你們在面對一個非常困難的時代，要重新去整理自己生命裡面，「要什麼」跟「不要什麼」。

雲門的流浪者計劃，我每年都去當評審，一個女孩子在台大讀生物，後來進了中央研究院，長得漂亮帥氣，想到柬埔寨村落去做登革熱的治療，但我們的經費通常只給三個月，而她需要八個月，然後她講了一句話：你們給不給我經費都沒關係，我已經決定要去，也已經把中央研究院的工作辭掉了。我是看到一張發亮的臉，這樣的年輕。所以抓週的桌子，真的是越來越大，是年輕人自己決定這個桌子上，應該要再增加什麼。

（二〇一三年四月十六日）

青年提問

提問　很多年輕人從事文創、手作，台北也有很多很棒的咖啡館，但台北的步調太緩慢，在亞洲就是一個很沒有競爭力的城市，台北要如何保有自己的特色但又具備發展競爭力？

蔣　勳：一個城市當然有它的特色、它的生命力，我在《少年台灣》寫了二十七個高鐵都不會到的地方，都是我揹著背包走過的地方，我走到苑里，所有客家婦人都在門口編大甲蓆；我走到水里，一個潘姓師傅從十六歲就在拉大缸；我走到三義，每一個十三歲的孩子都在做學徒學雕佛像，這些景物都在慢慢消失，但這些消失的景物會不會構成台灣城市的重要基礎？

台灣曾幾何時只剩下一個產業，就是ＩＣ產業，除了這個，好像沒有別的產業了，這樣會不會太狹窄？是不是能夠把台灣各個行業、產業當中的競爭力找回來，和ＩＣ產業不衝突，其實是可以並行的。將來的世界是多元的競爭。

提問　我是台大地質系的學生，我們在參與學生自治的時候可能會遇到學校的阻擾，那等我們出了社會，想要從事政治相關活動，就更常遇到難以撼動的龐大體制，讓年輕人力不從心，對於年輕人，你有什麼建議？或是如何面對或對抗這樣的體制？

蔣　勳：大學的時候影響我最大的是陳映真老師，因為她的政治信仰坐牢了七年，她回來的時候，我們在明星咖啡屋相見，覺得恍如隔世，因為她消失的時候你是看不到任何消息的，你也不知道她到了哪裡。所以今天年輕朋友在講對抗，我是羨慕的，因為你可以對抗，你也清楚知道那個對抗對象在哪裡。

我很感謝我在巴黎那一年的無政府主義團體，我相信一個很單純的理念：我相信任何政府都需要他的人民不斷地去跟他抗爭、去讓這個政府更合理。

因為沒有一個絕對合理的政府，所以無政府主義永遠不會成功，可是它會永遠變成你的信仰。台大有一批學生，持續十年關注樂生療養院，他們會和公部門抗爭，也做很多的調查、實地測量，幫助那些病友。我真心向他們致敬台灣年輕一代，為了他所相信的東西，而那不是為了現世裡的任何報酬。

提問　現在的台灣，有哪一個地方，最接近您當時童年回憶的地方。

蔣　勳：我常常回大龍峒，也因為母親跟我說：有空就幫我拜一拜。這是她在我很小的時候跟我講的話，她現在已經往生了，所以我真的常常回大龍峒去拜拜。

當年我在巴黎做羅浮宮的導遊工作，做得如魚得水，薪水也很高，完全不想回來。然後一九七六年夏天，我跟法國朋友在香舍麗榭大道上亂逛，忽然覺得好奇怪，我覺得一陣鼻酸，我聞到一個氣味，是當年在鳳山當兵時，夏日午後下暴雨，曬了一整天的土地跟草，有一個氣味整個翻起來。我整個鼻腔裡全是那個氣味，忽然覺得鼻腔的上端有一種心酸。法國朋友就拍拍我說：就是鄉愁。我那一年秋天就回台灣了。我不太相信愛國這個字，因為它太抽象；但是我相信故鄉的氣味，會跟著你走一輩子，它會把你叫回來。

我在緬甸的時候，早上四、五點鐘，坐在大寺廟，大概有上千人在等日出。我相信緬甸的朋友，如果有一天離開緬甸，那些畫面會讓他有一個記憶。所以說故鄉不是國家，因為它沒有那麼抽象，它非常具體，它就是你的嗅覺、視覺、聽覺、觸覺，所有這些東西都在你身上，它會把你呼喚回來。

提問

現在陸客非常盛行台灣自由行，老師會推薦什麼樣的旅行方式來體驗台灣這座美麗的寶島。另外一個問題，如果用一個漢字來代表「少年台灣」的精神，會是哪一個字？

蔣　勳：去年二〇一二年的時候，我選一個根本的「本」這個漢字，其實它讓我想到夏天睡覺的那個大榕樹，就算木頭中間被劃了一道、砍掉所有的枝葉，但只要那個主幹在，就都沒有問題，所以我們現在講「根本」、「根本」，我也常常提醒自己，台灣的根本是什麼，也許有時候我們會把枝葉當成了根本。

我想也許多往這些高鐵到不了的台灣鄉鎮走一走，去看各行各業的人在他的本分上的工作，大概就可以知道什麼叫做根本。

我的《少年台灣》，可能可以是一個導遊，裡面介紹蘭嶼的野銀、澎湖的望安，就是這個島嶼的每一個偏遠地區的小部落，我大概都寫到。試了離開大團體，單獨去流浪或者旅行，一定會看到最真實的東西，也會看到最真實的自己。

蔣勳

美學的哲人，談物象的美，也透徹生命的美。

羅大佑：太凝重

- 如果你知道這就是你的夢想，就不要在乎收入會有多少。
- 要走得夠久，不要讓自己安於所擁有的；要歸零，重新開始。
- 在人的生命裡，歌曲是很有力量的。
- 年輕人有什麼好抱怨的，不喜歡台灣就出去，出去，再回來後，就是一個新的台灣。
- 到陌生的地方會吃一些苦頭，但人會經過一些歷練。
- 任何一個學習都是一個發現，每一個發現都是一種欣喜。
- 憤怒就是激情，要變成真正的力量，要變成一個出路。
- 做一個創作者，腦波是要慢的，否則沒辦法冷靜觀察事情，旋律是飄浮的，要找到最好的旋律把她定下來。

陳文茜：漂泊的靈魂，呈現在歌曲裡，到現在還是有熱情的靈魂，羅大佑。

羅大佑：最近北捷案殺人案，震撼滿多人，這類事件在台灣很少發生，但自從太陽花學運以來，社會氣氛緊繃，社會瀰漫緊張氣氛，很多議題大家都很關心，尤其關係到年輕人，捷運是大家每天都會碰到的交通工具。特別關心跟年輕人有關的事情，不可能不去投入，因為我們都是從年輕走到現在。北捷案不會是孤立的單一事件，這跟家庭和社會都有一點關係。前兩年有美國年輕人去殺幼稚園，年輕母親就有很大的精神問題，將小朋友從小帶到射擊場去練槍，家庭對小孩影響非常大。

陳文茜：首先，每個人都不要放棄對人的信賴，不要因為單一事件而放棄；第二個，要了解更多精神上、人格上有偏差的人，不論是家人同學或是無意間在網路上交往的朋友，多數人是採取逃避、不願面對這些狀況的遮掩心態。關心你身邊的人，是一個很重要的觀念。

最近很多言論譴責肇事者父母親，孩子出了那麼大的事情，等同拿刀砍死父母親。但在這裡頭，我們要學習更多的愛和包容，孩子如果有人格、精神上的問題，如果我們愛的方法是遮掩和逃避，卻不是叫他去治療，這愛的方法是錯的；孩子面對社會異樣的眼光長大，可能形成很大的反社會人格，北捷事件需要鑑定，不要再有更多憤怒的聲音和力量，各個社會都會有這種人。

羅大佑給人的就是叛逆的形象，當人們對社會產生憤怒，該如何應對？

羅大佑：社會氣氛太凝重了，到處都是新聞、消息，我覺得主要的原因是經濟不好，全世界經濟都不好，西班牙失業率高達百分之五十幾，但台灣的經濟還可以，不要那麼悲觀，沒那麼糟糕，真的沒糟到那個地步。但太多東西充斥在新聞畫面中，一個螢幕裡同時有太多訊息在進行，太多東西了，有這麼多那麼重要的事情同時發生嗎？沒有！節奏太快會逼得人喘不過來的。捷運不是完全單一的事情，父母當然有問題，捷運的氣氛，加上孩子本身的條件，會在一個時間點爆發出來的，社會氣氛如果持續這樣運轉，大家就會在特定時間點一起崩潰，社會集體在醞釀這個氣氛，大家稍微放鬆一下，這是社會的共同責任，大家互相幫忙，大家都慢一點，有助這些事情不要發生，大家緩和一下，舒緩社會氣氛，用慢一點的節奏來談論事情，讓大家緩慢一點。

陳文茜：我們兩人是同一個世代長大的，都是戰後第一代。

羅大佑：地球上有人類以來最幸運的一代，假如下一代真的那麼不幸的話，那我們真的非常幸運。

陳文茜：一九八二、八三時，你的聲音很不一樣，你的代表作〈未來的主人翁〉太經典了，像一首史詩一樣，很難有人可以超越，當時他的歌詞是這樣寫的：

我們不要一個被科學遊戲污染的天空，
我們不要被你們發明變成電腦兒童，
別以為我們的孩子們太小他們什麼都不懂，
我聽到無言的抗議在他們悄悄的睡夢中。

你當時就看到電腦會帶來人與人的疏離，我們那一代是經濟條件比較不好的一代，條件沒有那麼好，也沒有華語市場這件事，每個時代有他的聲音、出路、傷口。你當時也叛逆、也在批判這個社會。

羅大佑：照樣叛逆啊！但也不能叫警察不幹他們的活。我當時很叛逆，我爸爸也不開心，當時是在反攻大陸的年代，歌詞要送審，〈之乎者也〉送審就沒過，電視和廣播都不能播，寫的歌不能播時，挫折感會滿大的。很多我的歌現在在大陸還是不能撥，例如〈亞細亞的孤兒〉，〈皇后大道〉是最近才解禁；到香港後，唸了有關文革的書，我們當時的知識青年，總是喜歡唸一些政治的書。

陳文茜：〈亞細亞的孤兒〉，我們的年代看起來比現在年輕人大了快四十歲，但大佑的靈魂是永遠不老，這首歌當時是怎麼發表的？你用了一個擦邊球，搞了一個越戰的照片、影片在後面，跟國民黨說我講的是越南。

羅大佑：這個靈感來自於我當時一個助理，越南難民。

陳文茜：亞細亞孤兒在風中哭泣……你講的是台灣的處境。

羅大佑：吳濁流其實跟我父親很熟，這首歌是給我最多麻煩的歌，在大陸被禁，大陸六四都在唱這首歌，用認同感來抒發這個心情，但這關我什麼事情？

陳文茜：人的一生中，如果沒有一首歌被禁、被查，在那個時代是很丟人的耶！大佑在那個年代中，選擇的職業不是最幸運的工作，第一次見到他，他穿著白袍出來跟我聊天，放射診斷科。到底要做X光片醫師，還是羅大佑？如果差一點，今天就沒有任何羅大佑的歌。黑色的靈魂裡暗夜的音符，他是猶豫的，他出身醫生世家，歌手很不賺錢，還要被查禁，是很危險的選擇，為何還是選擇歌手？

羅大佑：當時連演唱會都很少，當時有一部美國電影《名揚四海》，描寫年輕人到流行藝術學院上課，學跳舞、學唱歌。我很喜歡這部電影，那年正好是我畢業那年，我畢業考試考執照，第一次沒過，第二次又沒考過，醫師執照考了三次才過，第二次看完《名揚四海》時，不知怎麼搞的，我趴在電影院座位上哭，我也不知道為什麼，年輕人那種熱情讓我很感動。

我就有一個想法，我想寫歌，當時幾乎沒有寫歌的人，台灣好的醫師很多，但沒有人在寫歌。我覺得我可以試試看，寫了幾首歌成功不代表可以繼續寫下去，〈閃亮的日子〉我就覺得滿普通的，哈。從二十幾歲寫歌寫到現在這個歲數，很不容易；一件事情要做得很久很久，這是很重要的，寫歌連幾千塊都不到，但當大家認同你的位子，你就一直一直走下去，就成功了。

我到美國還在掙扎我要做醫師還是寫音樂，那時已經出了三張專輯。那時自己到香港獨立生存，我到香港不會講廣東話，我只能靠我的旋律，電影配樂沒有語言，旋律很重要，我從一坪半的臥室開始做電影音樂，剛好碰到一九八七股災，趁低點買了一間房子。

陳文茜：那個年代老師的薪水只有三、五千塊，我當時畢業第一份薪水是一萬六千元，在中國時報三萬元，已經很好了；但如果當醫生在台北開一個小診所，一個月可以有五十萬元收入，他選擇不走這條路，決定寫歌，勇敢選了這條路，走下去。

羅大佑：在台灣成名之後，就覺得我不要在這裡，就跑去紐約、香港，讓自己從零開始。如果你知道這就是你的夢想，就不要在乎收入會有多少；要走得夠久，不要讓自己安於所擁有的；要歸零，重新開始；到了香港，重新寫歌，寫了〈東方之珠〉，香港九七回歸之前，都在播這首歌，全香港認為最代表他們的歌，竟然是台灣人寫的。

陳文茜：作曲的旋律改變了，一個人勇於到另一個地方去。

羅大佑：香港人現在很看得起台灣人，那時香港還是相對比較國際化的地方。

陳文茜：現在有女兒，你怎麼處理？

羅大佑：前兩天我在杜琪峰的片場拍夜景，正好拍到陳奕迅和張艾嘉，陳奕迅快死掉，張艾嘉演上司，陳奕迅演下屬。他有一個不倫之戀、貪財，導演把他弄成一個下三濫角色，最後搞得身敗名裂，跳樓前的一首歌，重複拍了十幾次，突然之間想到我女兒的笑臉，她現在二十一個月半，小朋友有時很天真，想到將來她到三十歲、四十歲時，要經過我們這麼複雜的人生，愛情、公司鬥爭、人性黑暗面、勾心鬥角，心頭一酸，她受得了嗎？突然有這個感覺，但這個感受一下就過了，沒有超過五秒鐘。

她現在最大的興趣就是吃。

陳文茜：頂多被食物汙染，你希望給小孩什麼樣的童年？有兩首歌很重要，〈鹿港小鎮〉，每個人都好懷念自己的童年，活著本身都有一段又一段的挫折，如何處理挫折，是自己的事情，我們社會過於強調父母的責任，而太少討論自己面對挫折，要學習挫折，從中回頭來感謝。童年的我們，簡單而快樂，長大的我們，複雜而痛苦，自己的欲望增多，自己變痛苦了；美國攝影師曾經講：人要經常回到生長的地方，如果生長的地方很幸運沒有改變的話，永遠可以回到最初的樣貌，要讓孩子在田園、在草地、大海旁，要讓大自然成為她童年的環境。

羅大佑：可以用歌曲這個方法，在人的生命裡，歌曲是很有力量的，當失智老人失去所有記憶，你對她唱熟悉的歌曲，她還是會記得，似記憶又非記憶，用歌曲模式給我的小孩這種印象。安撫的力量，藉由空氣傳動，歌曲就有一種能量。空氣裡的氣氛是否太凝重？當空氣氣氛被改變時，就可以改變小孩子腦中的一種化學結構，有助於她在腦海裡喚起小時候的記憶、環境和氣味。

陳文茜：大家都被迫在城市裡討生活，怎麼給孩子在水泥叢林外，讓她有大自然體驗？

羅大佑：屬於大眾的空間要建設好，要盡量多花錢，創造屬於公共的地方，例如公園。

陳文茜：氛圍太凝重了，應該去野外走走。

羅大佑：22K（兩萬二）是實習費，當時我連2K都沒有，別想著這是一輩子的錢，這只是起薪。去學習新東西、有好的環境，薪水遲早會變的。走出去是很重要的，我當時一句廣東話都不會就去香港了，台灣年輕人能不能禁得起挑戰呢？

罵國民黨，國民黨六十多年前就已經被趕到台灣，兩千年就被民進黨取代，罵他們沒什麼了不起，年輕人要想自己禁不禁得起挑戰，這完全看自己，年輕人最可貴的就是你的熱情、本事，看到哪個團隊有前途，那是自己的選擇，而不要只看到錢。

我會疼愛女兒，但不會寵壞她，我只有兩個原則：人們喜歡她，她對自己的人生是喜歡的；越愛她就越要保持距離，要寵她時一定要保持距離。

陳文茜：台灣現在有一群人叫鄉民，給自己一個名稱，事實上也是在換取一種特權：我比你沒有地位，所以我可以毫無止盡地對你人身攻擊。

羅大佑：我現在的房子是租的，到處流浪、到處住，代價是很大的。我一輩子在追求的事，到現在沒有改變過，還是以寫歌做為我人生最重要的目標，這很重要，我現在在想把我寫歌的數量再增加，而且不會跟時代脫節，這代表熱情還在，但代價是居無定所，人家要找我沒有那麼容易，我對股票、房地產判斷沒那麼準確，但我沒那麼在乎。

睡覺對我很重要，做一個創作者，腦波是要慢的，否則沒辦法冷靜觀察事情，旋律是飄浮的，要找到最好的旋律把她定下來。

陳文茜：你忠於夢想，放棄了好不容易奠定的搖滾教父地位，在香港重新開始，房子對你來說都不重要，寫歌最重要。

談漂泊、談流浪，你的歌一直給人這種感覺，太多人為了討生活離開家鄉，擠進大城市。在故鄉，根是盤根錯節的，進到城市，少了很重要的東西。〈鹿港小鎮〉具有時代意義，後來的〈家〉等等，歌曲裡都帶有這樣的感覺。對你而言，你不斷經驗各個城市，流浪後再出來，一個人不失去靈魂的方法，就是不斷流浪，同一個地方待太久，會變得僵硬，你終究會被僵硬的體制綁住。

羅大佑：真的沒錯，我最喜歡莫札特，他所有的書信都是在旅途的過程中所寫的，很多是在馬車上寫的，流浪本身就是莫札特的樂風，寫過的東西他是不改的，飄過的空氣都是新鮮的，不管是什麼樣的國家，都充滿了畫面，每個地方都是新的，新的，就是一種發現。年輕人有什麼好抱怨的，不喜歡台灣就出去，出去再回來後就是一個新的台灣。

陳文茜：你當時電話裡講到：每個時代都有他的傷口，傷口恰恰好就是我們的出路。

我現在的房子是租的，到處流浪、到處住，代價是很大的。我一輩子在追求的事，到現在沒有改變過，還是以寫歌做為我人生最重要的目標。

羅大佑：憤怒就是激情，要變成真正的力量，要變成一個出路。韓國已經很先進了，我們還在這裡害怕競爭，我看不到台北不國際化的理由，台灣有全世界一流的健保、世界一流的捷運，大家這個不要、那個不要，為什麼不接受挑戰、真正的競爭呢？很多外國公司不想進來台灣，台灣中下階層不願意接受國際化的挑戰嗎？要有guts，不能罵東罵西，但自己沒有guts，想去佔領就應該要有心理準備，要做就得挑。

陳文茜：寫歌是最重要的，走到今天，想問一個敏感問題，你會忌妒五月天和周杰倫，一出道就有很大的華人市場？

羅大佑：五月天很辛苦，周杰倫也很辛苦，要吃那碗飯，就得辛苦到一定程度，每個階段有不一樣的生活、表演狀態，為什麼周杰倫還要去拍電影？因為一定要有曝光率，可以做的事情很多，但我還是認為寫歌最重要。

陳文茜：做每一項選擇，就得承擔後面一連串的後果。

羅大佑：這都是自己的選擇，當我們決定要攻佔行政院、立法院，都要知道後果，才能擔起來，你不想競爭，就要知道後果是什麼，外面的世界海闊天空。那個不叫苦，我覺得我還不錯啊！到陌生的地方會吃一些苦頭，但人會經過一些歷練，任何一個學習都是一個發現，每一個發現都是一種欣喜。

在白色恐怖時代，向日葵、紅色都不能出現。當我們這個時代，自由民主氣氛早已經存在社會之中，年輕人是不是開始在製造另一種緊張，因為東西太多、腳步太快，社會有太多東西，是不是有另一種緊張被製造出來了？我相信是有的，想像的憤怒，集體的歇斯底里，生命什麼時候會因為漏掉一條新聞而活不下去嗎？沒有，但這樣反而被逼得走不下去了。

（二〇一四年五月二十八日）

青年提問

提問　金曲獎爆了兩個冷門，以後的華語音樂市場，是否會向大陸轉移？大陸怎麼去因應？

羅大佑：各方面音樂的交流都是好的，各方音樂重鎮都應該保留她的色彩。台灣創意很強，中國大陸很強的是地方色彩：民族音樂；香港就是偶像派的音樂，各自發展會很好，不要硬扯，不要想著台灣的東西要在大陸發揚光大。

提問　我現在碩二，面臨一些選擇，選擇困難症、行動拖延症，對夢想不夠強烈，能否開張良方？

羅大佑：年紀還不到，現在人類的壽命會延長，年輕人的學習時間會延長，以前我們希望年輕人二十五歲成家立業，現在延到三十歲。不要著急，但熱情不要少。

提問　怎麼過每一天？

羅大佑：前半生有很長的一段時間都在純創作，生活中很重要的，是觀察事情，睡覺可以想很多事情，躺半天，放鬆下來才能真的想事情，這很重要。

提問 有女兒後，會再寫另一個版本的〈家〉嗎？

羅大佑：會考慮，家是一輩子，會有不同樣貌。

陳文茜：叛逆、激情，像太陽花一樣，很亮眼，但會凋謝。給了這麼多美好的歌，當你在任何情緒中，都可以在羅大佑的歌裡找到寄託。

羅大佑：台北是有潛力國際化的，年輕人要有guts，要經得起挑戰，要知道國際的規格是什麼，任何工作都一樣，競爭不能等，人家進來我們就得要出去，就是要禁得起挑戰。

羅大佑

創作音樂人，永不放棄對社會與自身的批判與反省。

許芳宜：走出去

有時候，其實夠傻就是夠勇敢。

我知道我一定過得去，那是我的選擇；因為是我的選擇，我非常心甘情願接受所有一切的結果。

越是弱者，越是沒有哭泣的權利。我今天機會已經比別人少了，有什麼是我可以補足的？

其實當一個人建立了一個地位，那個地位對你可能叫成就，可能叫束縛。如果你不敢把它砍斷，就不會往前走。

有些時候要很誠懇的問自己：真的夠了嗎？我的標準，就只有這樣子嗎？

我自己，是我最大的負擔，也許也是我最大的美好。因為只有自己一個人，所以我隨時要往前的時候，包包拿了就走。

小島不會守住人，小島也不會關住人，其實小島的世界很大。你可以從一個點放眼去看世界。

要不是我父母親反對得這麼用力，我就不會堅持得這麼努力。

陳文茜：辛苦，你們會發現是值得的。我雖然跟許芳宜非常熟，平常私下任何時刻和許芳宜談話，我有的時候不免覺得我的毅力是否也顯得太孤獨了一點。但是每次聽到許芳宜的故事，我就會知道，我的孤獨只是很小的孤獨；我的毅力，比不上她一根腳趾頭。她是登上世界舞台的第一人，經常成為《紐約時報》國際各大媒體藝文版的封面人物，這些絕對不是偶然。

台灣從過去到現在，所有有重大成就的人，其實答案都是：走出去（Way out）。那也是許芳宜的創作：走出去。也是我們辦青年論壇主要的原因。前文建會主委、兩廳院董事長陳郁秀，她好早以前就走出去，十四歲時就到法國，她爸爸告訴她：「妳要到法國，妳的音樂才會有成就。」一個孤苦伶仃的小女孩就在法國闖蕩天涯。

因為許芳宜是台灣之光，是台灣島嶼的驕傲。但許芳宜的腳步從來不是只停留在這個島嶼上。這位非常年輕、也是我們國家藝文獎最年輕的得主，許芳宜。想讓所有的人知道芳宜這幾年的許許多多努力，其實最好的方式是看她的表演。她是如何在令人多麼難以理解的艱辛過程裡頭一一完成表演，很多年輕人如果想要讓人生不一樣，許芳宜是最好的榜樣。

許芳宜：我跟英國編舞家阿喀郎（Akram Khan）一起合作演出《靈知》。我花了兩年的時間和阿喀郎一起做國際巡迴，心中只有一件事，就是要把它帶回台灣。終於在去年十月的時候，能夠跟他在台灣一起演出這個作品。

陳文茜：談一下他在國際編舞家的地位好嗎？

許芳宜：去年（二〇一二）奧運的開幕就是阿喀郎的創作，剛好去年我邀請的兩位編舞家阿喀郎跟克理斯多福・惠爾敦（Christopher Wheeldon），一個是做開幕，一個是做閉幕的創作者。阿喀郎是非常非常難得的創作者，也是非常難得的表演者。這應該是我這麼多年來在國際演出的舞伴中，少數非常值得較勁、而且是很過癮的。

陳文茜：當時妳也在雲門，跟懷民老師跳過很多次他編的舞，妳為什麼沒有只留在雲門？因為雲門其實已經很大了。是什麼勇氣讓妳覺得做為一個亞洲人，可以到紐約，最後在瑪莎・葛蘭姆（Martha Graham）當上了首席舞者？

許芳宜：其實我大學畢業時就一股傻勁。大學一年級，十九歲時立下我人生第一個夢想和目標，就是要成為職業舞者。所以我知道畢業後一定要離開。我嚮往老師口中職業舞者的生活，我嚮往所謂「職業的要求」、職業舞台、舞者的人生，所以一畢業就離開了。每個年紀都有不同的出口，當時傻傻地打包離開台灣，單純是為了追求心中的夢，可能也是覺得為了要尋找一些事，為了要完成我自己十九歲時跟自己的承諾與約定。

陳文茜：到了紐約，剛開始是什麼樣的過程？妳一個台北訓練出來的舞者，可能在林懷民、在羅曼菲——就是妳過世的老師、最疼愛妳的恩師眼中，他們都已知道許芳宜是一個台灣不曾出現的舞者。但是到紐約去，在天寒地凍、各種不同角色的人通通都有，妳用什麼方法讓自己可以在紐約立足？妳怎麼會有勇氣呢？

許芳宜：有的時候，其實夠傻就夠勇敢。所以需要的是一股傻勁，然後心中有一種衝動和欲望，這份衝動和欲望沒有辦法是為了其他人而做的，這份欲望只有因為你很想要、很想要、很想要，那是一種非完成不可的決心。

陳文茜：記得你在紐約的第一天嗎？

許芳宜：我記得在紐約的第一天是借住別人的家。到了那邊，我心裡第一個想法是，我想要找一個自己的窩。因為這不是我的地方，這只是借來的。我從小，心裡一直對家有一種很特殊的情感，所以我很在乎住的地方。我知道那裡只是暫時的，所以在三天內我就找到房子。我根本就不會說英文，我也不知道我怎麼會找得到房子；但我就是找到了。然後我搬到一個非常非常便宜的地方，只要燈一打開就會聽到、看到滿地的蟑螂「唰」的全部跑掉。滿廚房的蟑螂，燈暗的時候你沒發現，燈一開的時候就看到蟑螂就像電影情節裡一樣四處竄！

陳文茜：其實芳宜家境是還不錯的，妳有尖叫嗎？

許芳宜：我沒有尖叫。當時我有的能力也只能住那樣的房子，我一直以來是有多少能力做多少事，我不會今天有一百元，卻想要住三千元的房子。我知道我一定過得去，那是我的選擇。因為是我的選擇，我非常心甘情願接受所有一切的結果。

陳文茜：妳什麼時候進了瑪莎・葛蘭姆？可以在瑪莎・葛蘭姆當舞團成員是很榮耀的，還是一開始妳就知道會當上首席？

許芳宜：這故事好久沒講了。我記得考上後的第一天，當我確定拿到一份工作、當上職業舞者，心裡好開心好開心。可是因為語文不通，很開心卻不知道跟誰講；所以我很興奮的走在路上，一直往前走，想想不對，又右轉，然後右轉又不對，又左轉，然後又往後，我就這麼走來走去，很開心。我好想說，我好想打電話……。

陳文茜：你沒有碰到警察把你抓去？

許芳宜：我當時很想打電話給誰，但我也不知道如何打電話給家人，我覺得我很想打電話，我很想告訴親人們我拿到了生命中第一個工作。可是我沒有做，因為剛去美國，我根本不知道怎麼打電話回台灣，只知道投進一個銅板，然後怎麼接回台灣也不知道。

那時我就這樣往前走往後走，不知道來回走了多少次，走著走著，我忽然間就停下來，哭了。我好想跟所有很愛我的人分享。我從來沒有想過在紐約沒有找到工作會不會丟臉？因為我覺得沒有丟臉的事情。與其要在紐約洗碗，我何不回台灣洗碗？為什麼要選擇在那裡？但當時我找到工作，好想跟家人分享的時候，卻不會打電話，身邊又沒有朋友——那個時候忽然發現：我是一個人了。忽然有一種孤獨，有一點點心酸、有一點點難過。

之後，不管去任何一個舞台，得到的掌聲與評價、所有的關注、喜愛，所有的一切都在我身上。所以我一直覺得走這條路很自私，因為享受所有最幸福、最快樂的都是我，享受到最美好、在台上的最過癮的也是我。走過看過很多很漂亮的地方，卻沒有辦法跟你最珍惜最愛的人分享。

陳文茜：妳幾年當上瑪莎．葛蘭姆的首席舞者？

許芳宜：一九九九年。我大概在紐約花了三年的時間吧。應該不到三年，因為中間有一年的時間，因為跟爸爸約定說一定要回台灣，所以我就回了台灣一年。

陳文茜：其實我們常常在林肯中心看表演，不管許芳宜多美，舞蹈多好，她的身材比例就是亞洲比例，膚色就是黃色。所以很多專業舞蹈評論家會知道她是最棒的。但是對於觀眾，能不能接受亞洲身體的比例是一個大問題。做為一個亞洲的舞者，當上瑪莎．葛蘭姆的首席舞者，成為台灣之光、登上封面，可是很少人知道，所謂的首席卻比排第二、第三、第四、第五順位的人，上台的機會都少非常非常的多。

許芳宜：這樣的故事可能發生在每一個人身上。我當時的確感受到一些壓力。當時的媒體、報章雜誌都說你最好，期待你上台，甚至觀眾或以前在瑪莎．葛蘭姆舞團跳舞的老師們會告訴我：「芳宜，其實我根本就不想要來這裡看表演，我來看是因為妳上台，所以我才來看演出。」所以總覺得好多人好疼惜我，對我有好多期待。我當然也很希望在台上跟大家分享自己的努力。而且我一直認為，我到紐約從來沒有其他想法，也沒有其他的事情可以做，我來就是要跳舞。

每季演出前幾周，藝術總監會將當季演出作品的舞者名單及順位公佈，演出前，名單一次公佈，有十場演出，我怎麼只有兩場呢？心裡有很多的問號。那一天晚上我哭了。打電話回台灣問以前在舞團工作過的老師，為什麼跟我的想像太不一樣？從評論到觀眾看起來大家對我的接受度很高，但是為什麼？大家這麼喜歡妳，藝術總監也看似喜歡妳又不用妳，喜歡妳上台又不讓妳上台，這到底是什麼樣的狀況呢？

老師說，現在這個時候，妳不需要問原因，也不需要問理由，它是不可能改變的事實。除非妳的下一張合約，直接明談保證的場次，像簽保證條款一樣。老師說妳不用想了，任何的理由都不會改變。已公佈出來的名單，就是這樣了。

掛了電話，我繼續哭，哭完之後第二天是大雪天。我一早醒來第一件事情是把自己整理好，然後就去上課。那天早上，我忽然覺得腦袋開了，我心想有什麼好哭的？今天站在一個弱勢的位置時，越是弱者越是沒有哭泣的權利。我需要的是變堅強，變強壯，我沒有時間哭！

我今天上台的機會已經比別人少了，我要珍惜的是什麼？我要珍惜的是每次上台的機會，也許別人還有八次可以失誤，但我所有的機會就只有兩次，我沒有失誤的機會。我需要的是累積實力，不失誤的實力，怎麼累積？就是從現在開始。所以我沒有機會自哀自憐：「為什麼不是我上台？」抱怨、哭泣我得到的是什麼？並沒有。唯一可以救我的就是我自己，唯一可以救我的，是從現在開始。我的每一天、每一個訓練、每一次排練都要做到最好，然後我讓自己幾乎沒有失誤的機會，讓那最後的兩場演出除了要觀眾很享受之外，我要很過癮。我覺得這口氣才算出了。

陳文茜：她做了一個決定，她在那一刻已經看出瑪莎．葛蘭姆是在走下坡，已經不是人家要不要給她演兩場的問題，她已經知道即使別人給她很多場，做一個職業舞者，她知道她也會因此停滯下來。所以妳做了一個決定，離開瑪莎．葛蘭姆。那要很大的勇氣，妳從此以後要靠自己闖蕩。

許芳宜：是，當我開始享有很好的待遇及條件時，我選擇離開了。當時我有很好很好的週薪，我可以挑舞台、選場次，幾乎是只要開口都有。我從以前實習時，所有人的化妝室都在樓上，只有我的在地下室；直到了當首席後，我一直是最靠近舞台的那一個。當時幾乎所有可以想像的禮遇都有了。

為什麼那時我要離開？一直以來很清楚知道這條路是我在走，這是我的生命，我忽然發現自己不滿足了，我覺得這些所有再美好的條件好像還不夠，但是我不知道我不滿足的是什麼。我知道還不夠，我還想要更多，我知道我還有更多的能力、更多的欲望，想要再創造新的東西。但我真的不知道是什麼，然後也不知道怎麼去尋找。所以我選擇把自己逼到絕境，唯獨的方法就是斬絕所有的安全保障：就是我所有的後盾。我知道會遇見困難，我選擇讓自己在痛苦時、想回頭時，沒有後路可以退。

陳文茜：我問芳宜，當時讓妳離開瑪莎．葛蘭姆的勇氣是什麼？妳為什麼會走到今天這條路？她說了一段話，就是要把自己後面的路，所有的安全都斬斷，人才會成長。

許芳宜：因為我知道如果後面安全的窩還在，只要碰到了問題，我擔心自己會後悔的想著：「在舞團當公主就好了，何苦呢？」我何苦在沙漠裡面一直走一直走，好像有點漫無目的的尋找下一道光。可是我知道只要我沒有辦法回頭，我就只能繼續向前。

陳文茜：沒有猶豫嗎？把過去的安全感跟可以開口得到的任何條件都斬斷。

許芳宜：沒有任何猶豫，唯一的猶豫是，通常都是別人問我為什麼離開？妳終於媳婦熬成婆，你知道人到了一個位置的時候，大家對你的態度看你的眼光是不一樣的。可是我不知道我要那些要做什麼。從一開始我就說走這條路很自私，因為不是為了任何人才去圓這個夢。為的是想要完成跟自己的承諾，但是當承諾與夢做到了一個盡頭的時候，夢還在發酵、還在長大，他想要的更多。所以現在要找的是如何創造更多。我覺得我的生命在那個時候其實是一個過程，一個尋找出口的過程，我相信：「萬物會透過生命找到出口，生命會找到自己的出口。」（Everything will find its way out in life, Life will find its way out.）。

陳文茜：包括與父母之間，都沒有任何的猶豫嗎？

許芳宜：沒有，我那時覺得夠了，留下來的其實是安逸的原地打轉。某個程度來講，當一個人自認建立了所謂的地位，那個地位可能叫成就，可能叫束縛。如果不敢把它砍斷，就沒機會看到前面的風景了。

陳文茜：離開瑪莎．葛蘭姆的舞團，然後要跟全世界最頂尖的編舞家合作，聽起來很棒。跟全世界最頂尖編舞家合作的意義是什麼？它的意義不是「一起去旅行」，今天跟英國編舞家合作，她要把身體練習好、跟他們合作。

可能飛往紐約，跟紐約芭蕾舞團的某個編舞家再合作，她要跳的是另外一支完全不同的舞。時間相距可能不到半個月，每次都要完全準備好自己。也不可能在台上說，對不起因為我現在跟全世界不同的編舞家合作，所以我這一段跳錯了。編舞者是一個舞蹈者，在舞台上他的犯錯機率是零。妳如何訓練到上台的時候都不會出錯？

許芳宜：最誇張的行程應該是在二〇一二年，從暑假開始到年底，我大概三個月都在國外，沒回到自己真正居住的地方。不斷的換飯店、換劇場、換編舞者。我應該是每一個作品表演之前的一個月，就開始調整身體。像跟阿喀郎的表演，我最少最少一定要在兩個星期前調整，因為它中間有一段馬步蹲得非常低非常久，那不是說你有本事，去了就可以上。跟克理斯多福．惠爾敦、紐約芭蕾舞團合作時，也是如此。

我覺得跟國際非常頂尖的藝術家合作，最棒的優點是一起排練時，可能七天就可以做出一個完整的作品，七天的排練中，包括要精進自身和作品本身的光澤度。如果七天就可以做一個好作品，這個行業是絕對會成功的，而且一定會賺錢。可是通常創作者需要足夠的時間創作、思考、調整、有很多不同的因素與理由；但是當你有一群很優秀的表演者，真的可以七天就做出作品、而且上舞台，因為我曾參與過這樣的夢幻組合。

我回家幾乎沒有其他時間做跟舞蹈不相關的事情。我開始聽音樂，記舞步，舞步是最基本的。我心想說大家都很聰明嗎？大家平常都不用做像我一樣晚上要做這些功課嗎？隔天，所有人一派輕鬆。大家還記得小學考試的時候，問大家有沒有讀書，所有人都說沒有讀，然後都考一百分！結果他們都考一百分，當然我也沒有考太差。

為什麼自己不能考太差？每次的排練和每一次演出，不只是在國際上，也包括在生活上，我們如何讓別人看見信任？每一次的演出就是你的信用，你必須累積「每一次在國際被看見」的信用。所以所有人因而都會相信你。

現在如果我跟阿喀郎現在要表演，基本上可以兩天前見面，我們做的並不是只我們兩個排練，還跟音樂家現場排練，然後隔天是為了裝台、燈光、現場音樂走位。接著上台了。

因為這樣的行程可以省經濟成本，是經濟效益的問題，時間、人的成本太高了。如果大家時時都把自己經營和培養到最佳狀態，製作時間短、生產品質高，這個行業絕對賺錢。只是我們通常要花三、五個月甚至更長時間來完成一個作品。相對若緊迫的時間壓力無可避免時，這樣的限制或許是創造不一樣的最佳潛力。

陳文茜：我所認識的芳宜很溫柔，在舞台上，她跟紐約的舞蹈家合作很棒的現代舞，它是屬於現代舞跟芭蕾舞的對話。那非常的美，即使不懂舞蹈的人都會覺得怎麼會這麼美。她跟英國的印度裔編舞家合作，充滿了東方哲學的風格，這與她跟紐約芭蕾舞團的舞蹈家合作時是完全兩種不同的舞蹈表演。在和紐約芭蕾舞團表演裡，許芳宜的身體美到了極致。在英國編舞家的舞蹈裡，妳的角色是？

許芳宜：我是以一個皇后的身份開場，後來是一個盲眼的媽媽。在裡面，我看到自己兒子的未來，他將會是摧毀整個王國的人。身為他的母親，又身為皇后，我要捍衛家園還是要守護我的孩子？

陳文茜：那是一個母親、兩個身分，是非常有力量的角色。

許芳宜：對，非常肢體。很多扭曲的身體、很多掙扎。

陳文茜：我問芳宜，妳是哪一個星座，她說：「我不要跟妳講，說了就沒有人要跟我做朋友。」後來我就看到芳宜教學生，就覺得真的沒有人要跟妳做朋友，她教學生的嚴格，絕對超過陳郁秀。而陳郁秀已經是師大音樂系裡最嚴格的老師。她曾經告訴我，這個可能不只適用於其他年輕的舞者。

她說她常常很好奇，她自己知道每一次上台機會都代表她做為一個舞者的信用，所以她一定要每一天都準備好，她不太理解為什麼有些人可以完全沒有準備就來了。為什麼她不覺得她可以前一天晚上把所有的東西都記清楚，然後早上訓練好自己的身體。即使在國外這麼這麼累，一回台灣她絕對沒有給自己休息的時間，清晨、八點多或九點，就出門去排舞。她沒有休息時間，就是要把自己準備好，然後再上台。一直就是如此。

所以你對於那種不準備好的人，妳的看法是什麼？

許芳宜：我盡量不拿量自己標準的尺來量其他人。因為我覺得每個人身上都有一把尺，如果你認為你已盡最大的努力，那也就夠了。只是有些時候你可能要很誠懇的問自己：真的夠了嗎？我的量尺的標準，就只有這樣子嗎？我的潛力也就只有這樣子嗎？很多時候，其實我覺得大家都太小看自己了。或許你根本沒有給自己一個機會看見自

作品《All will Be Still》（攝影／Sam Tsao）

有些時候你可能要很誠懇的問自己：真的夠了嗎？我的量尺的標準，就只有這樣子嗎？我的潛力也就只有這樣子嗎？

己真正的可能性。

陳文茜：芳宜剛才提到她最瘋狂的時候，就是二〇一二年的下半年，那三個月裡包括倫敦奧運的前後。雖然她是世界舞台的台灣第一人、瑪莎．葛蘭姆的前首席舞者，全世界最頂尖的舞者之一；她經常一個人提著行李，在世界各處的機場都會有下一個舞團的人來接她，在機場跟機場之間、國家與國家之間、舞台跟舞台之間，那是無窮無盡的孤獨。

許芳宜：大家看起來可能覺得很孤單，如果換個角度想，因為就只帶我一個人，我是我最大的負擔，也許也是我最大的美好，因為只有一個人，當我隨時要起身時，包包拿了就走。也許因為只要負擔自己，所以沒有那麼多沉重的壓力，我走的更坦蕩蕩、更自在。其實從兩年前，我就很舒服的當做生命的旅行。以前說到家，很怕一直換地方的感覺。偶爾，半夜不知道為什麼會忽然間醒來，不知道你身處哪一個國家、哪一個飯店的時候，人會有抽一下的感覺。因為真的飛太多了，從來不記得你的房間號碼。但是，我相信也有很多人很羨慕我的生活。

陳文茜：芳宜當然晚上有的時候也有孤單的地方。她上了《紐約時報》，被知名的媒體報導，那些東西都是空的。當你看到她的表演，第一段跟紐約芭蕾舞團合作，第二段是自己當編舞家，讓年輕人上場；第三段是跟印度裔的英國編舞家合作，她充滿了東方古老的、傳奇的、優美的、殘酷的、扭曲的、完全不同的編舞風格。看完演出你就知道她離開安全的瑪莎・葛蘭姆完全是對的。

每一個舞團都會有固定的舞蹈特色，譬如我在美國很熟悉幾個舞團，你一看就知道這是哪一個舞團的作品。但只有像她這樣，跟所有不同編舞家合作，所以她可以在一個節目裡頭分三段演出。第一段跟第三段、第二段是完全不一樣的風格。而第二段是加入台灣，有一點點街舞的概念。

許芳宜：其實這些年輕舞者們對我來講，有一些挑戰。我很喜歡訓練年輕人，也很喜歡分享我身上所有的一切。但是我就算訓練出一支隊伍、一支軍隊，我都希望這支軍隊裡面的每一個人都要有自己的名字、自己的樣子。他的精神與態度是一致的。但每個舞者本身的特質、特色和魅力，是不容忽視的。所以我喜歡透過每一個人不同的特質，希望能夠把他看不見的自己再拉出來，把他想像不到的自己再抽出來多一點、多一點。

陳文茜：我覺得我很感動。當時許芳宜在那天的表演裡頭，寫了一段文字。她曾經慎重的考慮，該不該讓這些在國際上還沒有名氣、就有了舞者身的學生上台？該不該讓他們上台？結果最後她的話是：「我們每個人都年輕過，我們每個人都曾經沒有那麼美好過，為什麼不讓他們上台？」

許芳宜：大家都說：「妳覺得他們準備好了嗎？」我浮現腦中的第一個回答是：「什麼叫做準備好？妳覺得他們太年輕嗎？年輕不就是本錢嗎？」選擇帶小孩上台時已經選擇面對所有的責任，如果心中有害怕或擔心，是我的問題——是我沒教好、沒把他們訓練好，所以擔心他們不夠好。我心想，你我都曾年輕過，在我們年輕的時候，不曾也希望別人給我們一個機會、給我們一個舞台嗎？

我不知道將來還有沒有機會上國家劇院演出，也許這是我這輩子唯一一次可以做到的製作，我現在不做，要等到什麼時候才能做？所以就做了吧！這就像我開始開口說英文的時候一樣，什麼叫丟臉？永遠都開不了口，就永遠沒有辦法完成與自己的承諾，那個叫做丟臉。今天我覺得這些小孩會丟我的臉嗎？沒有。我盡最大的努力，我也相信他們會盡最大的努力，那就夠了。

舞台不是來比生死的，今天就算出了一點小狀況，那又怎麼樣。重點是有能力站上舞台，我常常說：「上了台演出之後，我們不是去派對；上台之後，才是舞者人生另外一堂課的開始。」台上的課要一場一場一直累積下去，上台前所有的準備、練習只不過是前半段，台上是另一個學習的開始。我們要接著繼續下去，所以其實那時候心裡就定了，覺得這就是我要做的事情，我不怕丟臉。所以那時候我就放手，就再也沒有擔心過這個問題。

與Lativ合作（攝影／Sam Tsao）

上台之後，才是舞者人生另外一堂課的開始。

陳文茜：每一個人都年輕過，而在你年輕的時候，你好希望別人給你們機會。現在知道了，沒有一件事情是容易的。如果十九歲，妳在台灣已經跳到頂尖了，妳卻都沒有走出去，會有什麼差別？回頭看兩個完全不同的岔路人生。

許芳宜：如果十九歲，我一直留在台灣。我應該會是台灣最優良的舞蹈公務員。出了國我還是很愛台灣。差別應該在，我覺得並不是一定要出國，而是你用什麼方式、透過什麼方式去看世界，看不一樣的世界。因為我看到了不一樣的世界，我知道舞蹈可以不一樣，我的生命可以不一樣。選擇如何做一個舞者，可以不一樣。我有了選擇性。

我並不是說在台灣就不好，我並不是指只守著台灣小島，不管你在哪裡，小島不會守住人，小島也不會關住人，其實小島的世界很大。你可以從一個點放眼去看世界。可是最怕的是你永遠在點上，看著自己畫的圈圈的那個點，那相形之下，你是用一個無形的框架和監牢把自己給關起來了。然後你還很自得其樂的說「我有我的天地」。我覺得那才是有點可笑、也有點可惜的自我感覺良好。所以我其實很慶幸我有機會透過舞蹈看到、接觸到不一樣的人，看到不一樣的世界。然後對自己有不一樣的要求。

陳文茜：許芳宜前一陣子到中國大陸的國家大劇院演出，他們找中國大陸最好的舞者譚元元，當時合作對象是英國沙德勒之井（Sadler's Wells）的劇院，英國劇院選擇的代表舞者則是許芳宜。越有自信的國家、越有自信的劇院，從來不會覺得出去的一定要是自己國家的人，越自信的國家就越知道是要把人才納進來。她到北京的國家大劇院演出，第一演出代表的是英國的舞團。

其實我們每一天都比明天的我們年輕。我今年其實也給了自己一長串的計畫，這個計畫跟芳宜的舞一樣，叫「Way out」。我要走出去，而且我希望能走到很多國家，甚至能夠到盧安達去。那個地方已經互相屠殺了十年，沒有一個人跟另外一個人是沒有仇恨的；於是那塊互相屠殺的土地，把人逼到了最尖端的狀態，選擇繼續殺戮，或者學習愛，放下過去的仇恨。

當你擁有愛，你對一件事情擁有無限能量的時候，你會給你自己跟很多故事找到出口。

（二〇一三年三月二十七日）

青年提問

提問　夢想會不斷隨著年齡改變，要怎麼確定自己的夢想？是什麼支撐老師離開自己的舒適圈？

許芳宜：我其實有一件事情是跟大家比較不一樣的。多數朋友很小就開始有夢想，而且有很多很多的夢想。可是我從來不敢夢想過，也沒夢過，所以其實我並沒有做選擇，我唯一會做的就是跳舞，對我來說選擇了這件事情並沒有很困難。

至於之後會不會再改變？對，它會變，它隨著年齡成長，就像隨著年齡的需求，而需要不一樣的出口。但是夢想在改變，對我來說它是越變越美、越漂亮，越可以看見自己的本和初衷。你會發現這個夢不是給別人，越做越能見到真實的自己。我很開心當時夢想是一顆小種子，然後開始發芽，變成一棵樹，二、三十年的舞台經驗，變成有養分的樹幹，之後枝葉開始發芽了。所以它會變，但是變並沒有什麼不好，自己對於有這樣的機會畫自己的生命地圖，覺得很幸福。

提問　各國對於藝術從業人員都有一定的尊敬以及給予一定的補助，但是台灣相對少，在台灣，普世價值對於藝術從業人員的尊重也相對不足，是什麼促使老師不斷的走這條路以及支持您的信念？

許芳宜：試想，如果你去應徵了十家公司，十家公司都不要你，你覺得誰是唯一的交集？你是唯一的交集。都是公司出了問題，還是你出了問題？我通常會自問是不是我有問題，是我身上少了些什麼，需要調整些什麼，或是我需要補足些什麼；還是我真的只覺得自己很不錯，那是不是受到肯定和受到尊重？先排除對他人的期待與要求，反觀你尊不尊重自己、肯不肯定自己，尊重和肯定不是腦袋裡面想著你要尊重我，而是先學習尊重你自己，你在專業上是不是有一定的高度，一定深度和厚度。是真的，那才算數。如果你說國家有沒有補助，先把自己當作品經營，作品夠好的話，永遠不怕沒有買家。問題是夠好嗎？如果真的夠好，我相信就算你不需要資源，國家都會想要協助你。他就怕你不要。

可是不管是社會資源或是國家資源，身體表演藝術裡面我覺得身體本身其實就是最大的本錢。你如何拿你最大的本錢來證實你真是有實力？當你有本事透過你最大的實力、創造出好作品，跟大家分享時，不怕沒眼光的人，就怕沒好作品。所以我一直是這麼反過來看這樣的事。我出國的時候，為了想要讓我的爸媽放心，也為了要向父母親證明，其實這是專業，可以活得很好；我後來也發現想要活得很好，你就必須夠好。我心裡一直告訴自己，我一定要活得像樣，包括我可以把自己養得很好。你問我是不是有企業界的支持？是，有！那是獨自闖蕩職場多年後的事了，這些年做很大型的演出，是有企業的支持。如何做到讓企業支持你，非常驕傲能來支持你，也非常榮幸參與協助你，甚至企業會謝謝你用心把一件事做這麼好，主動開口：請告訴我可以為你做什麼？我看到很多企業家有這樣的高度與胸襟。我曾過接受花旗的前總裁利明獻、昇恆昌企業、夏姿、華歌爾……等公司支持。所有支持我的大家長們都會說：「謝謝你，謝謝你這麼用心，這麼專注的做你喜歡做的事情，你永遠都不要擔心，放心走到國際上去，因為當你在國際做得很好的時候，你讓我們覺得好光榮、好驕傲。」

當所有的觀眾、企業跟我說謝謝，感謝有這個榮幸可以支持我的時候，你知道我有多麼開心嗎？雖然身上的責任更重了，但我喜歡這份甜蜜的負擔。這怎麼做到的？這必須從自己開始。你要好到讓自己感到驕傲，對方因為你而感到驕傲，事情才會有轉變才會有不一樣的開始。而不是永遠只當伸手牌，誤把對他人的給予當作理所當然。想想為何他人需要支持你？你是否也可以給自己答案？反過來思考這個問題時，你就不會覺得不受尊重了。

提問

對於像老師這樣的世界頂尖舞者來說，有時候職業傷害可能無法避免。不知道老師這一路上怎麼控制職業傷害的風險。或者是說萬一真的不幸發生了，老師有備案嗎？

許芳宜：每一個演出結束之後，晚上都自己做按摩和冰敷。皮肉傷、筋骨傷，在所難免，但是如何在這在所難免的過程中學習到保護自己的方法。我在大學時，就知道不可以把身體理所當然的來使用，因為我起步的比較晚，沒有所謂的童子功。童子功真的很厲害，如果練得好，到大概三、四十歲時，就算不練功，基本都還會很好。我真的是開始得非常的晚，好的訓練也開始得非常晚。在大學時期就已發現自己不像其他同學，一進教室來就可以飛、可以跳，我每次都需要提早到，提早先做暖身，但也因為這樣，我對身體養成許多還不錯的習慣。因為沒有把身體當作理所當然，所以不會只依賴「吃身體年輕的本錢」。每一次演出結束後，每一個機場、轉機、每一個飯店跟飯店旅行途中，永遠都在冰敷。每天都在敷，除非找不到冰塊。通常我都拿退燒用的冰袋裝冰塊，在國外，飯店服務人員很不理解，問我：「你為什麼每天都要冰塊？」我就把腳拿起來放在頭旁邊。然後他立刻用驚訝的表情：「妳是運動員嗎？」我說我是表演者。因為我的腳有點受傷，所以需要冰塊。從那天起，我只要出現，服務生就會說：「馬上來。」我的膝蓋髕骨內部有一點小傷，每次我過於激烈活動它的時候，到晚上就會腫起來。冰敷是一個很好的消炎止痛方法。其實這些都是我生活的一部分，包括身體的疼痛、如何止痛、減輕身體的負擔，都是生活必須要學習的一部分。

陳文茜：你曾經因為任何一次痛到取消演出嗎？

許芳宜：到目前（二〇一二年）為止從來沒有。但我曾因為腳骨折，被換下場。我第一次腳骨折，只是一個不小心，自己都不知發生什麼事。只知道那段時間排練非常的密集、非常累，事出必有因，之後才知道跳舞不能有一丁點的分神不專心，專注非常重要，因為一個不小心……就斷了。當時一拐居然就是骨折，那是二十分鐘的舞作，前幾秒鐘我就折到了，連我自己都不知道，只覺得怎麼好像有點痛。跳完二十分鐘後腳都黑掉了。骨折之後排練指導想測試我的狀況，原本是測試左腳的動作，我也不知道為什麼，自己嚇傻就換右腳。他就說：「不要騙我。」我要看的是左腳。然後我就蹭了兩下，三下、四下，他說：「妳站得起來就繼續跳，站不起來，就走。」我很努力就是站不起來，之後便默默一跛一跛的離開了。這是我學習到的現實和殘酷。當時舞台大幕是關著，馬上就要開了，你站得起來就繼續跳，站不起來就去離開，再清楚明白不過的一課。到了醫院，照片子、打石膏，我還記得當時在日本，打完石膏之後，還在石膏的底下加一個高跟，就像一雙白靴子。很漂亮，很照顧整體造型！

提問　看了芳宜老師的口述自傳，書中提到在學習跳舞時，面臨到父母反對的壓力。您如何突破這個壓力？其實現在青少年在追夢的時候，來自於長輩的支持或是壓力對他們來說是一個很重大的決定。老師如何在孝順跟追夢之間拿捏跟抉擇。

許芳宜：要不是我父母親反對得這麼用力，我就不會堅持得這麼努力。我會堅持那麼久，我父母其實是一大功臣。因為他們不斷不斷的反對，讓我更堅信和相信我一定要做給你們看。花了十年證明，只為了要告訴父母親舞蹈是一個專業，可以是一個很好的職業。把自己養得很好、照顧得很好是為了不讓他們操心。父母親會這麼反對，其實是擔心、心疼。這種拉扯和互補作用是很好的。

提問　老師從紐約到自己編舞再到印度，老師不斷在每個階段重新歸零的過程當中，有面臨到困境嗎？您是怎麼突破的？

許芳宜：剛從紐約回來的時候，就進了雲門一年。九八年，那段時間林老師剛好在做《水月》，在之前是《流浪者之歌》。所以舞者有很多打坐和太極的練習。我那時候剛從紐約回來，紐約那麼快，連走路大家都很急，大家都沒耐性，覺得時間就是金錢，所有的事情趕、急，追追追。然後到了雲門排練場時，我印象很深刻。那時候要打太極和打坐。大概三個月我就坐在那邊，每次坐著坐著就會睡著。那時候我覺得我好像相信這所謂的安靜的理論。我相信禪、打坐、太極。但是事實上，我只是表面的，內在並沒有真正的安靜和相信。我是擔心害怕的。我害怕少了像在紐約這樣每天訓練，我的體力和身體、技巧會不見。我當時其實害怕歸零，然後我試著告訴自己：我可以，而且我願意。但是當你的身心沒有辦法合一的時候，相信其實都不算相信，只是在跟自己拔河，也就是因為害怕，身體和心理都沒有辦法打開、釋放出空間接納新的東西進來。我們一直以為歸零就是要放棄，並不是。許多學習和累積在你的身體裡是根深柢固。不要小看身體，身體是有記憶的，所有所有的一切，已經在你的細胞、你的骨髓裡。是我們太小看自己身上所能夠儲存的能量和能力，所以一直害怕失去。當我們永遠往怕失去的方向看時，很容易忘了其實這是一個學習。這是一個加分再學習的更好機會。

我是到了雲門開始打坐，很慶幸能跟林老師一起做〈水月〉，那是我生命中第一次感受自己身體可以轉彎，肌肉可以改變，我的身體真的有機會像水一樣。那時才發現，當你願意為自己打開一扇門，釋放出更多空間，給自己學習的機會時，那無止盡的養分就一直湧進來、湧進來，如果沒有這樣的養分、這樣的機會，我可能沒機會感受身體和肌肉可以轉彎的美好。

提問

很多人說舞蹈表演的好壞都是見仁見智，都依照評審、觀眾的個人喜好，但是一方面我看到您和雲門舞集在國際舞台上發光發熱。舞蹈它有好壞的標準嗎？如果有，舞者和舞作的標準在哪裡？而在國際舞台上，什麼樣的舞蹈叫做好？以您的經驗，如果我想要往國際發展，現階段您覺得我可以做什麼努力？

許芳宜：什麼答案才會是正確答案？我也想問的是你心裡有答案嗎？你為什麼要選擇問這個問題？這個問題的目的是在尋找答案嗎？如果我回答的就代表所謂的答案嗎？你做

表演藝術，包括一本書、文字的組合、還有畫筆如何用色，筆墨為什麼要粗，為什麼要細，這文字是不是夠美麗？有的時候，很多東西的美麗在於如何跟你的生命產生連結。可是硬要把一件事情說是非和對錯、好壞，特別是放在藝術裡面，是一件挺辛苦的事情。就像有時候我要教別人跳舞，我覺得好像有一點不應該，因為當你在教、在告訴他什麼是對錯的時候，相對抹煞了這個人的想像空間，每個人都有想像力，每個人都有創造力，為什麼要硬生生的把你的故事和你的想法套在別人的思想上。那是因為你的比較好嗎？別人的比較不好、比較小？在問這個問題時，是因為你相信我多過於相信自己嗎？很多時候我們忘記人是可以獨立思考，也需要學習獨立思考，成長的背景不一樣，美好的想像不一樣，感受溫暖的度數不一樣……很多人都會想，現在走的路到底對不對，但我們都期待順利、成功。我不認識你，所以給任何意見都不算建設，所以現在把問題丟回給你，努力的方向來自於你的期待，這是自己的答案，自己的追尋，自己的夢想。所以應該是尊重自己的選擇。

提問

如果你們人生只剩下十八分鐘，你會想用什麼樣的方式、傳達什麼樣的訊息來改變這個世界？

許芳宜：我的答案很簡單。盡情享受現在與所有人在一起的十八分鐘。如果這是我唯一剩下最後的十八分鐘。有機會選擇當下，還能夠珍惜的話是一件非常不容易的事情。這是我自己的親身體驗。有一段時間我曾經在紐約想台灣，在台灣想紐約。我覺得那是最浪費生命的一件事情。與其要在這裡想那裡，為什麼不就好好享受這裡，好好將當時的自己發揮到最大的極限。創造出最大的美好。所以我一定會坐在這裡跟我一樣願意坐在這裡的人，去回想人生裡頭好多個很美好的十八分鐘，跟最後的十八分鐘。

陳文茜：我曾經在看許芳宜時，想說她的家在舞台上，她的夢想就在四散的頭髮上。紐約藝術評論：「受歡迎的資深舞者回來了」、「新人也就位」，可是這些東西在許芳宜身上，沒有人感覺到她覺得自己很了不起，大家覺得她就是一個歸零的人。一個越出色、追夢的人，他是為他的夢在活。不是為《紐約時報》的封面而活。若要為這樣子的東西活著，其實某種程度太不值得了。

許芳宜：有的時候想一想，如果活了這一輩子，一支筆卻操控和掌握了你所有一切的時候，某種程度上是很不公平的。這是評論的工作，專業的評論，他必須透過舞看到這個人，然後用他的感受說出他的想法，也許這個作品或是這個音樂、這個畫面跟他的生命產生關連，或是沒有關連。如果真的相信他到極點，他捧你上天你就上天，他讓你下地獄的時候，那不要活了吧？身邊許多好朋友在紐約經常上報，但大家心裡都很清楚最嚴苛的評論，不是《紐約時報》，也不是觀眾；其實最嚴苛的評論、最嚴厲的老師最後會回歸到你自己。因為你在乎你要求，那把量尺的高度不是他人可以想像。

身體的狀態包括每一個關節，沒有人比你更了解，身上的每一寸肌肉，每一個毛細孔，只有你能感受。做自己的老師是我對年輕藝術家最大的期待，期待有一天你發現老師對你的要求早就不夠了，因為你想要要求的更高，那我身為老師就是成功了。

每天對你的夢想每天有多一點點小小的欲望、多一點點小小的貪心，其實不為過。所以盡量吧！如果對你的夢想可以貪心、可以有欲望，放手用本事去追，真的很美。

許芳宜

被譽為「美國現代舞之母瑪莎．葛蘭姆的傳人」，以身體舞出生命火花。

潘石屹：別怕

□ 社會正處在一個轉型時期，我朦朧地感覺一個新的秩序會出現，這種新秩序的基礎和框架就是網際網路。

□ 要把自己的心放寬，看到積極的、陽光的、向上的一面。

□ 別人的錯誤、缺點、黑暗。可以閉上眼睛不看，讓自己的心對整個社會充滿著愛與憐憫。

□ 我們既要腳踏實地，又要仰望星空，仰望星空的事情都是一些沒用的事情，可是能讓自己和人類的文明得到提升。

□ 沒有一樣學習叫做浪費，只有一個東西叫做浪費，就是猶豫不決。

陳文茜：最近你和張欣兩個人共同捐出了一億美元，希望捐助中國大陸貧困的大學生出國唸書。張欣當年特別認真，好像是賭博一樣，單趟飛機飛到了英國，在那裡打工求學才有今天。為什麼你覺得即使是一個貧困的學生，唸到了大學還是要出國？他必須要具備一定的國際觀，將來才能對中國做出貢獻嗎？

潘石屹：我們有兩點考慮。第一點，根據我們的經驗，社會真正的進步，個人、家庭的改變，就是獲得知識、要有教養。所以SOHO中國基金會（由潘石屹、張欣夫婦共同創立）大部分的資助都是針對教育，包括小學、高中到大學，因為教育對一個人、對一個家庭、對一個國家來說是非常重要的。第二點，社會發展到今天，無論是一個擁有財富、權力的人，還是一個普通的農民，考慮問題的出發點都要國際化，如果把自己放在一個很小的範圍之內，考慮問題也好、學習也好，都是成功不了的。

中國改革開放已經三十多年了。中國派出去第一批留學生，是中美還沒建交時，這五十二名學生的生活費都是鄧小平幫著安排的。

今天我們看任何一個行業的進步，都離不開我們去跟別人、別的國家學習，知識、技術、經驗，包括教育，都是人類共同的財富。有一些人有這樣的天賦，有能力到國外學習，但他的經濟狀況可能負擔不了，我們希望不論是哈佛也好、耶魯也好，招收中國學生時不要看他的家庭經濟狀況，也不要看他是不是官二代、富二代，而是看他的才能。這些學校選擇了這些學生，如果他們經濟有困難，我們就去幫助他們。

陳文茜：所以這筆錢是指定給中國的貧困學生，不是捐給哈佛。很多人會捐錢給哈佛、哥倫比亞或者常春藤學校，去建立他們的家族和這些學校的關係。你捐錢指定資助中國的貧困學生，那哈佛給你的回應是什麼？

潘石屹：哈佛非常積極，在與哈佛聯絡的過程中他們的認真負責，讓我們非常感動，覺得他們一定會妥善地運用這筆錢。今年我九月二十八日跟張欣去了哈佛，與哈佛所有中國學生進行座談。SOHO中國基金會的助學金資助了其中八個學生，我們也跟這八個學生見面。錄取學生的標準是在哈佛手裡，這個學生的家庭年收入若低於六萬五千美金，由我們SOHO中國基金會助學金全額補助他的學費和生活費。

陳文茜：我在微博看到這個消息的時候，打心底覺得佩服，你是因為張欣的人生經驗才這樣做，張欣讓你最欣賞的地方就是她的國際觀，可是網路上面一片罵聲，說你幹麼資助人家去國外留學？結果你說網路上的評論都是垃圾，把評論關掉。你明明在做一件好事，為什麼會有這麼多攻擊？如果這麼多的評論都是垃圾，那些年輕人的根本問題是什麼？

潘石屹：我反省之後，覺得我不應該把評論關掉。那兩天我去了哈佛，也去了Facebook和蘋果公司，又有時差，沒怎麼看微博，結果一看微博，怎麼我做了一件好事情，為什麼挨了這麼多罵呢？一氣之下就把評論關了。現在中國社會貧富兩極分化，不光是每個家庭和個人的財富不公平、機會不公平，教育機會也大大地不公平。

《悲慘世界》裡有一句話：「法官的兒子永遠是法官，乞丐的兒子永遠是乞丐。」這個社會若是繼續這樣發展，最後一定會崩潰的。從另一個角度來看，若要解決這個問題，重點就是教育不能有任何歧視。這一代的人整個經歷跟以前都不一樣，如果能有機會獲得更多、更先進的知識，一定要創造出國留學的機會。

我在MIT麻省理工學院待了三天，主要是跟他們談獎學金的事情，他們的媒體實驗室氣氛非常放鬆，這些學生上課時可以吃東西，還有人上課時帶著一隻狗，上課時就摸摸這隻狗，在中國怎麼可能有這樣的事？他們研究的無論是奈米技術也好、機器人也好，都讓我很震驚，未來十年如果麻省理工學院研究的機器人全都是在流水線上製造出來，這對社會將有多大的影響？還會有藍領嗎？不會有了，這是我在那裡感觸最深的一件事。

陳文茜：他們的教育和中國教育有一個很大的差別，就是中國人的士大夫觀念很重，學術圈裡的本位主義很重。中國學生考完了高中就要考大學，每個人都想擠進一間重點大學。

可是以色列不是，他們高中畢業後不進大學，先去做一年社區服務，第二年才去當兵，男女都要當兵，當兵是要訓練團隊精神，此外還要學習面對挫折，要有解決問題的能力，所以當兵是要讓人的性格成熟。之後他們還要出國打工，訓練國際觀，知道全世界發生什麼事，最後才回學校。他們的大學生通常是二十三歲左右，已經知道自己的興趣、能力和個性，知道自己該做什麼，這時他已經在為自己的職場做準備。

我參觀過麻省理工學院的媒體實驗室，裡頭的人想的是世界的產業未來會發生什麼事情，它跟世界經濟是息息相關的。經濟系的老師會在課堂上跟大家討論華爾街怎麼回事、發生了什麼問題，可是中國的學院老師可能還在教他在一九八〇年、一九九〇年學到的那一套理論，完全無法解釋這些問題。如果是工科，他教的東西可能連整個新經濟的狀況都無法詮釋。

美國的教育有很多創新的能力，培植第一流的天才。在台灣有很多企業像是廣達會捐錢給學校，請他們做許多最尖端科技的研究，他們就是這些企業的研究院，跟企業是息息相關的。中國現在的問題是企業必須依賴美國的教育體系給它們作為研究的基礎，您同意我們學校的教育體系和既有的經濟是脫鈎的？

潘石屹：同意。我想要補充幾點，我上個月去哈佛、耶魯、麻省理工學院、史丹福大學見了校長和招生主任，他們對學生的要求都是相同的，就是有理想、希望改變世界，這是最重要的。每個學校的要求都不一樣，但都是希望學生服務社會、服務人類，想要改變世界、推動社會進步。這些學校不願意招個功課很好的學生，以後拿到文憑找個工作就安安穩穩地過日子，這個志向就小了，他們認為這樣做是無法把自己的能力發揮得很好。

第二點是我沒想到捐款會招來了這樣多的謾罵，這是一個很大的反差。現任的麻省理工學院院長，他的家庭是來自古巴的難民，他是他們家第一個大學生，但今天成了麻省理工學院院長。

第二天我去了哈佛，其中一個最經典的學院叫哈佛學院，院長剛上任十一天，是個印度人，我問你父親是做什麼的？他說他父親在紐約街上賣帽子，當年從印度坐飛機，在紐約誤了飛機，盤纏用盡，於是就待在紐約做會計又打工，賺到錢陸續把家人從印度接過來，現在他是哈佛大學哈佛學院的院長。我們本來會以為麻省理工學院、哈佛這些學院的院長和校長一定會是美國人吧？但其實不盡然。我理解到，這些學校不止是美國的學校，而是全人類的學校。

曹景行：剛才講到了理想問題，但是現實到底如何？現在的大學生年輕一代面對的現實，和我們那個時候相比是更好了、還是更不好？未來這條路是走得越來越寬還是走得越窄？我覺得這可能是全世界年輕一代的共同問題。

潘石屹：我的觀察就是全世界的年輕人都不高興，台灣的年輕人不高興，香港的年輕人不高興，到美國去，年輕人也不高興，埃及的年輕人不高興，英國的年輕人也不高興。談的話題都是一樣的，在英國就是中國的富豪和俄羅斯的富豪把他們的房價炒高了。社會正處在一個轉型時期，我朦朧地感覺一個新的秩序會出現，這種新秩序的基礎和框架就是網際網路。

這兩天我花了五、六個小時在研究蘋果推出的iPhone 6和iWatch，研究馬雲到美國股票上市的推介會、阿里巴巴IPO的上市，這確實是一個非常大的變化。全世界的年輕人都擔心他的工作、收入和社會地位，但我覺得這個很快就會過去，因為只要掌握了技術，只要能夠看到未來的發展方向，世界是你們的，也是我們的，歸根到底，是你們的。

陳文茜：我跟潘先生的看法不太一樣。世界從來沒有像現在這樣，因為有了網際網路，人人都有機會進步，所以人人都沒有機會。當網際網路出現時，所有人都告訴你一個完美的故事，可是這個完美的故事是對誰而言呢？全世界因為網際網路、WTO、自由貿易的關係，整體是完全單一市場的生產鏈。

網際網路是一種很類似的全球化的概念，想像一下Apple如果沒有網際網路，怎麼可能把它拉到大陸在富士康生產？我在總部裡可以開視訊會議，不管是孟買、台灣、深圳還是什麼地方，我可以在矽谷和所有的人不分晝夜一起開會、整合，包括貿易。這種全球化生產鏈的整合在一九七〇年代之前是不可能想像的事情，之後新興經濟體受惠，每個新興經濟體的崛起都在告訴前面的成熟市場：Your apple pie is part of mine。

湯馬斯．佛理曼（Thomas Loren Friedman）的著作《世界是平的》（*The World Is Flat: A Brief History of the Twenty-first Century*），可以想像世界上有多少人嗎？以前的世界只有在美國人手中、在歐洲人手中，一九七〇年代美國工人抗爭之前，世界就是他們的，福特車一天到晚出問題，克萊斯勒一天到晚出問題，但大家都只能買他們的車，底特律當時代表美國一切的希望，今天的底特律看起來像個鬼城廢墟一樣。

美國一九七〇年代的罷工，這個工廠生產鏈當時會遷移是很不得已的，因為還沒有網際網路和電腦。他們搬到日本去，日本發明了一個存貨工廠，張欣也去了，新加坡和南韓都是因為那時美國罷工之後，很多工廠遷到了亞洲而蓬勃起來，不然亞洲的經濟第一波是根本起不來的。

台灣很多人認為台灣的工作是被誰偷走了，其實當初他們的工作也是從美國的黑人和當時罷工的藍領階級手上偷來的，張欣也是這樣偷來的，她在香港縫衣服，那個工作本來是在別的地方，不在香港。等到有了網際網路，這些管理者越來越加速。

Dell以前的電話客服一定是美國人，可是網際網路出現之後，客服全都有印度腔了。

下一個取代印度的是菲律賓，菲律賓有一億人口，英文非常好，英文也是他們的母語，菲律賓也有很多大學生。這就是網際網路的結果，世界是平的，你們想像在這塊平地裡面有多少人在上面跑？

我常常跟很多人說，過去我們是叫共產主義與自由世界的對抗，結果柏林圍牆倒塌、中國改革開放，全世界有將近二十億的人口衝出一個地方，進入所有的生產市場進行全面的競爭。

一九九〇年代之前和之後，是完全不同的競爭，加上網際網路這兩個因素合起來的結果，現在的越南工人可以娶緬甸老婆，緬甸女人可以嫁給印度工人，這些人年均收入只有九百一十四美元，只有大陸工資九分之一的他們，可以拿走多少工作？將來非洲人還會拿走緬甸人的工作，所以從整個世界只會兩極化，你必須跑在越南工人、緬甸工人，甚至菲律賓工程師的前面，否則只能一直拿很低的薪水。如果菲律賓工程師也能做你的工作，你一定會被取代。全球化的世界就像一個無情的機器，菲律賓的工程師的能力可以跟你一樣，工作可以比你更認真、更拚命，半夜不睡覺，而且薪水只有你的三分之一。

這個時代變得太大了，這個社會贏者越贏，贏的國家贏得越多，輸者就會輸得越慘，淘汰得越嚴重。年輕的一代面臨的競爭比我們那個年代的競爭還多，但你們也是中國歷史近兩百年來唯一沒有受過苦的一代，你會發現中國崛起不好玩，因為它面臨的是全球性的競爭。全世界的年輕人都是如此，我到愛爾蘭訪問，他們最優秀的學生最後去肉鋪裡面切肉，英語系學生立志當莎士比亞或王爾德，結果去賣鞋子。全世界年輕人面臨的問題都很類似，就看你自己可不可以跑在前面。比如美國現在很需要大數據分析師，天天在徵人，但就是徵不到人，或是找進來的人能力不夠。另外一個趨勢就是你的工作被印度工程師、菲律賓工程師、越南工人取代。

曹景行：這是趨勢的問題，剛才又回到了國際化這個題材，你要看清未來的方向，一定要有國際化的眼光，光看著自己現在那些東西，在你要找方向時，往往根本不知道方向何在。比如三年前清華有一個總裁班，裡面有不少是煤礦的老闆，當時是他們最興旺的時候，我跟他們說，你們注意一下，煤的價錢要跌了，為什麼會跌？因為美國的能源結構改變了，變成了一個天然氣可以自給，還能把多出來的煤賣給全世界，全世界煤的價格都在下跌，只有中國還炒得很熱。

相信的人第二天就把煤的產業放掉一部分。但是還是覺得煤很好、能一直做下去的人，可以注意一下這兩天煤的價格，甚至可以注意明後年的情況。因為這是一個世界性的結構變化，如果只知道現在國內煤價有多高，是看不到這個趨勢的。我再舉個例子，芬蘭原來靠什麼？諾基亞，可是現在還有人在用諾基亞嗎？

芬蘭很慘，一個國家的自主產業突然說垮就垮，你說一個國家沒有聰明人嗎？諾基亞的老闆他們花錢把最聰明的人吸引到他們公司，但是整個公司都跟不上形勢，跟不上變化。

剛才我跟文茜談到台灣的一些情況，台灣現在的自主產業是什麼？我不知道，這裡台灣來的同學回過頭去想一想，如果是二十年前，那個時候台灣風生水起，至少對大陸來說、在亞洲地區都是領先，但是我們也沒想到大陸的起飛可以這麼快地改變整個結構。

各位在看自己未來如果沒有一個前瞻性的準確眼光，那你們會看到什麼？升學體制使大家為考試、為高考付出了你們最精華的時間，接著大學四年，不知道各位選科系是自己選的還是父母選的？清華大學各個院系包括新聞學院在開放日擺攤，讓學生來選自己的未來方向，結果滿校園全是爸爸、媽媽、外公、外婆、祖父、祖母，我問孩子哪去了？他們說在補習。如果你們是這樣的話，唯一的辦法就是從現在開始盡快申請到像潘總這樣的獎學金，利用機會去看看世界，你才會知道未來的世界將怎麼發展下去，決定你能夠走在別人前面還是被扔在後面。多數人都無法看清未來，發展變化是非常快速的。

陳文茜：我看到了全世界的一個狀況，第一個是貧富差距，第二個是不公平，第三個就是失落的一代。你們這一代當然比我們好命，但是你們所擁有的機會跟你們面臨的競爭，因為網際網路的關係完全不一樣了。你們在阿里巴巴淘寶網上買東西的時候，店裡的售貨員就越來越少了，當你在阿里巴巴做很多各種不同的銷售，廣告公司已經不像以前在電視裡下廣告有那麼大的利潤，這是一個產業的大洗牌。當時義大利有一部電影《1900》（義大利原名：Novecento，意為新世紀），工業革命發生時那些老農民好像瞎子一樣茫然，他們看到機器在那麼短的時間裡把所有穀物處理好，那一刻他們覺得人是沒有價值的，一輩子都是農奴的他們突然被要求離開那塊土地，很多人就舉槍自殺了。

我們面對的網際網路革命也是產業的一個大改變，全世界的問題都很類似，但是每個地區的答案都不一樣。美國不算太失敗，年輕人的憤怒沒有那麼嚴重，德國也是，可是有些地區社會就很憤怒，越失敗的經濟體憤怒越強。在瑞典，是反映在驅逐土耳其移民；在法國，則是反對加入歐元區，而且他們覺得是那些阿爾巴尼亞來的移民搶走了他們的工作；台灣會覺得是中國大陸的人搶走了他們的工作，每個地方大家都有共同的痛苦，相同的問題，每個地方的答案都不一樣。所以我常常跟很多年輕人說，一定要超越你的憤怒，在憤怒之外用第三隻眼睛看自己，問自己為什麼會處於這個處境？生氣一天就好，因為它解決不了問題。

全世界的年輕人都擔心他的工作、收入和社會地位，但我覺得這個很快就會過去，因為只要掌握了技術，只要能夠看到未來的發展方向，世界是你們的，也是我們的，歸根到底，是你們的。

某個程度上，我也很主張有錢的人一定要學習潘石屹，支援每一個國家的財政改革，因為過去資本主義早就出現過大危機，一九二九年的大危機差點讓資本主義垮掉，危機不是崩盤，而是所有的人都要造反，於是有了社會福利失業救濟金，賺到錢的人透過這個方法重新分配財富，讓那些沒有工作的人有失業救濟金，最終得到穩定的秩序，經濟才能發展。

現在這麼嚴重的貧富差距，不要只是罵它，而是要透過一定的財稅手段重新分配財富，讓有錢人繳多一點稅，去幫助窮苦的人受教育，得到基本的福利，得到一定的尊嚴，可以有公租屋住，可以有好一點的房子，而且不一定是住在郊區。

紐約看到了法國的教訓，任何一個區哪怕是最貴的區，也要有百分之十是留給窮人住，因為一個區都是有錢人、一個區都是窮人，等於是創造了兩個階級隨時要對抗，法國每次暴動都是在郊區也是一樣的道理。世界上的問題從政治、從經濟、從國家的治理到自己本身面對的問題，都是一個全新的局面，不要用太簡單的方式跟很直接的憤怒去回答。

曹景行：這裡有兩個層面，一個層面是如何能不被淘汰？不被扔在後面，不要成為失落的一代當中的一員，還有一個層面是你們的能力要改造世界，實際上未來世界將面對怎樣的社會矛盾，你要面對的是新的社會矛盾，這個新的社會矛盾現在全世界都在思考。托瑪・皮凱提（Thomas Piketty）寫了那本書《二十一世紀資本論》（*Le Capital au XXIe siècle*），這本書提到的問題就是我們現在新的社會矛盾，怎麼解決？作為年輕的一代怎麼解決自己未來的社會矛盾？這兩個層面我都覺得年輕人要承擔起來的，自己不要成為失落的一代，但是同時要有能力去解決未來的社會矛盾。

陳文茜：這個我想請問一下潘總，按照這幾年你的經驗，什麼樣的年輕人走到你面前，什麼樣的人你會雇用他？什麼樣的人你覺得不能雇用？

潘石屹：我在一九九九年時，去了美國三十多天，給我的感觸就是網際網路會普及起來。這次我到美國東西岸四十多天，體會到未來十年機器人會代替一部分的人，所以未來無論是個人的發展，或是我們公司需要的人，都要有創造力。如果沒有創造力，你不就和機器人一樣了嗎？而且你做事情效率還沒有機器人高。我們就看這個人說話、表達、做事情，是不是與眾不同，千萬不要別人說什麼你就跟著說，別人做什麼你就跟著做，這樣的話就會失敗。

這次我到美國去參觀了Facebook，見到了他們的大老闆馬克（Mark Elliot Zuckerberg），他身價幾百億美金，老是穿著T恤，自己沒有辦公室，和其他的工程師一起，人家的工程師都是整整齊齊的，就他的桌子上亂七八糟的。我問他這個網站是幹什麼的？他說主要是做大數據分析，會把每個客戶的個人資料和需求分析得清清楚楚。大數據分析是一個很重要的工作，而且需要的人力是非常大的。

我們大概用了過去三年多快四年的時間，算是轉過來了，這個轉化是非常巨大的。舉一個例子，我們請英國女建築師札哈・哈蒂（Zaha Hadid）為我們設計建築，設計的建築不是正圓也不是正方，一堆一堆像花、像流水一樣的建築，碰到的第一個問題就是這個紙上建築能變成現實生活中的建築嗎？我們得先把房子在電腦上面建上一遍，把所有的錯誤找出來後再到現實生活中建。

我們四年前藉助了建築資訊模型（Building Information Modeling，簡稱ＢＩＭ）才完成她的建築，當時要求所有工程師都要上ＢＩＭ時，碰到了一個很大的問題，就是電腦的運算速度不夠。這個模型檔案的大小是六十Ｇ，要八核心的電腦才行。四年前我們為工程師配備八核心電腦，終於把這個建築完成，而現在我們隨便一台普通的筆記型電腦都有這樣的速度。我們透過ＢＩＭ發現了四千多個錯誤，這是在平面圖紙上面無法發現的，比一般的施工和設計成本至少降低了百分之三十。

陳文茜：曹老師，你怎麼觀察？最近我出了一本書《樹，不在了》，寫到全球經濟史，就是寫台灣那個年代。台灣那個年代和前一個階段的中國大陸非常像，那篇是〈當時我們還太年輕〉，我們以為台灣錢淹腳目，實際上是泡沫經濟。我們的房地產突然就漲了二十倍，每個人都覺得我很有錢，事實上台灣當時除了高科技之外，所有的製

我是一個從最貧困、最偏僻的山溝裡面出來的。沒有受到很好的教育，但今天娶的老婆、事業都還不錯，所以我覺得經歷背景都不重要，人要一直要往前走、往上看。

造業都走了，都到深圳、東莞，台幣大幅升值，房地產也大幅漲了二十倍，股票也漲了很多。現在大陸電影突然很賣錢，這個代表一個內需市場的崛起，因為工資高了，很多人敢消費了，同時也代表著你的生產成本增加，所以很多製造業會出走，沒有那麼強的競爭力。當一堆日本人到香港ＬＶ購物，門口還有一個印度阿三戴個帽子，到處都是日本人的時候，表示日本的經濟在出問題。

所以，有很多廣場大媽在法國巴黎跳舞，香奈兒這些店全都是中國遊客的時候，中國也在出問題。當時我看到除了高科技產業開始起飛之外，整個台灣其實就是在被掏空，可是自己卻以為自己很不錯，感覺台灣錢淹腳目，那個年代出生的台灣學生物質條件也特別好，跟現在中國大陸的情況很像，到處都是奢侈品或名牌，但很多製造業正在被掏空，不過中國的新經濟也快速地接軌了上來，我們一般人所瞭解的中國目前正在進行很大的轉型。

潘石屹：這個轉型很厲害，因為世界都在轉型，世界轉型中的中國，是現在我們每個人都要在注意的。舊的、傳統的加工業有的已經轉移到成本更低的地方，比如紡織業有的移到了孟加拉國，就像美國、日本當年轉到台灣是不可阻擋的趨勢。中國的製造業開始去學習國際上最好的東西，沒有的就去創造，一些企業家現在就在向國際的名牌挑戰，最近我在深圳看到了一種活力，那裡變成了世界的創客中心，和美國的矽谷直接連接，也就是說這個環節當中已經把台灣、香港推上去了。這個變化對中國的產業結構非常重要，因為它就像矽谷當年對美國經濟、世界經濟產生的影響，如果中國的創造能力能以某種形式迸發出來，那中國每年許多大學畢業生能各自找到發揮創意的位置，以後在世界上應該就是中國與美國互動了。

陳文茜：潘董事長，普京有一個關於烏克蘭的和平路線圖，如果你有小孩，給你一個栽培孩子的世界路線圖，你會怎麼栽培他？

潘石屹：全世界現在什麼地方最先進？是美國，所以讓小孩到美國去受教育，這是第一點。第二點，是不要到我們公司來，自己去獨立，做自己願意做的事情。第三點，是一定要跟網際網路接軌。

陳文茜：美國國務卿希拉蕊最重要的觀點，就是美國要趕快回到亞太，圍堵中國的崛起，可是你們覺得中國快垮了，怎麼是中國崛起？顯然你們自己的感覺和美國人看你們的感覺是完全不一樣的。美國每隔一段時間就要去創造一個敵人，然後要跟他戰鬥，維持美國的強大力量。

美國在一九七六年開始貿易逆差，當時最重要的敵人叫西德，一九八〇年最重要的敵人叫日本，現在叫中國。美國沒有自己的民族主義，但是美國有愛國主義，你看九一一時美國人嚴肅、沉默、憤怒，它們每隔一段時間就會很自然地建立一套系統，從總統、國務卿、媒體、老百姓，然後創造它的世界敵人，可悲的是每次敵人都從它的後方跑來。前一陣子美國竭盡全力追的敵人就是中國，突然跑出一個ＩＳＩＳ，只好去對付ＩＳＩＳ。美國人明明知道中國在崛起，怎麼你們都一直在唱衰中國？

潘石屹：我沒有唱衰中國，我非常看好中國。前一段時間大概從二〇〇九年下半年開始，我們光是在上海黃浦江兩岸的投資總額就達五百億元人民幣，最後都覺得投得太多了。全公司百分之七十五的資產投到了上海，只有百分之二十五在北京，這個比例不對，我就把上海的資產轉移了大概一百億，引起了很大的攻擊，說我學李嘉誠撤資了，我說上海還放有四百億。我很看好中國，真金白銀都投下來了還不看好？

曹景行：放人出去讀書恰恰是一個信心問題，當年鄧小平有一個重要的觀點就是年輕人出去，當時第一批就是去美國，有信心才能放出去，現在年輕人如果要到世界上學東西，就要早一點出去、多一點出去。現在就要有這樣的胸懷，未來是我們的，世界是我們的，我們去創造的是人類的東西。

潘石屹：我很同意你的觀點。我覺得出去留學後還是要回到中國來，所以我們讓兒子在國際學校讀了一段時間，又專門安排到中國的學校讀書，就是不要忘了中國，還記得中文，以後回來建設祖國。

陳文茜：除了愛國之外，你還看好中國大陸未來的發展。很多外資對中國經濟的看法，就是中國最擅長的就是製造業。中國的製造業開始趨緩，出口又不可能恢復到以前，內需數字最近又不好，中國的房地產像你講的「鐵達尼號」，也出了一些問題。

總體來說，全球經濟有一段時間還不會太好，歐洲還沒有解決問題，一直靠政府的投資不是不對，是完全對的，可是最後的結果就是亞洲還沒有國家經濟體從出口成功轉型內需的，沒有一個。日本失敗了，韓國也垮掉了，再起來的還是靠出口。世界上除了美國，也沒有經濟體成功從出口轉型成內需，德國今天的經濟很好還是靠出口。還有很多經濟學家認為中國的黃金年代已經過去了，而中國如果沒有辦法找到超越過去的強大新經濟模式的話，最後會步上日本的老路。因為中國最近公佈通貨膨脹只有百分之二，讓所有的人大吃一驚，以前中國都怕通貨膨脹，一九八九年說通貨膨脹是百分之十八，二〇〇二年說通貨膨脹是百分之二十三，現在數字這麼低。這次夏季國務院總理李克強也特意去了達沃斯論壇，說中國經濟不會硬著陸，意思是說中國遇到困難了，除了愛中國，你為什麼還看好中國？

潘石屹：剛才妳說的這些數字都是從媒體得來的，而且你們觀察到今年下半年GDP的增長、投資總額的增長都不會很好，可是這並不代表經濟不好。我們會面臨著一些全新的判斷，舉例來說，美國醫療保險費占了美國GDP的百分之二十，這是很高的費用，如果我們鍛煉好身體不看病，或者是看病時吃一點藥就好了，不用亂七八糟地天天去吃藥，醫療費用可能就會大幅降低。GDP是降低了，可是對我們整體生活水準反而是提高了。不見得是單純地用經濟數據來看社會是不是進步了、生活是不是好了。這個社會有時今天調個利息、明天調個存款準備金，這些東西都沒有意義，社會的勞動生產率提高，我們的工作更有效率了，創造財富的能力提高，才是最根本的。如果看回這些基準我們就會有信心了。我們的勞動生產率和工作效率肯定是提高的，因為每一個人今天擁有的知識、擁有的技術都比二、三十年前擁有得多。今天的機器、網際網路、電腦都大大地提高了我們的效率，是以前任何一個年代都不能比擬的。

（二〇一四年九月十六日）

青年提問

提問　現在有一種新說法是「嫁人不要嫁鳳凰男」（與城市女性結婚的農村男性）。即使教育是很重要的一部分，有些很優秀的人從貧困的山溝裡面走了出來，接受了很好的教育，但是以後出社會無論是工作還是婚姻，他們依然處於劣勢，您怎麼看？

潘石屹：我覺得這個說法可能不對吧？我是一個從最貧困、最偏僻的山溝裡面出來的。小時候的狀況大家可能都不能想像，我父親被錯劃成右派，母親跟著我父親回家後沒幾年就癱瘓一直到過世，我的母親和父親很堅強地活了下來，兩個妹妹在很小的時候就送給了別人。我沒有受到很好的教育，是從最偏僻的農村裡面出來的，但今天娶的老婆、事業都還不錯，所以還是要有信心。像我老婆張欣在北京讀了小學、初中，高中一天都沒讀過，就到香港做紡織女工，五年後去英國讀大學、碩士，最後也上了劍橋大學。所以我覺得經歷背景都不重要，人要一直要往前走、往上看。

提問　我想請教潘董，剛剛您提到我們要與網際網路接軌，我們現在所處的這個環境要有什麼樣的改變，才能在真正意義上與網際網路接軌？

潘石屹：網際網路不是你會上微博就跟網際網路接軌了，最關鍵的就是網際網路提供給我們的這種思維，這些就是未來這個世界的價值觀。最重要的是分享、共用，第二就是平等，我們要跟菲律賓、美國、印度在同一個起跑線上，一定要想到平等，我們做的每一件事情都要學會和大家分享，這是網際網路的精髓精神。

提問：我是學醫的，我們學了很多，從好的學校畢業，但是也不一定能跟國際接軌，請問潘總要怎麼改善？可以提供一些建議嗎？

潘石屹：我覺得在中國、在復旦大學，你和網際網路接軌就是跟國際接軌了。這次我到蘋果公司去，庫克跟我們聊了兩個多小時，把我的眼界打開了。蘋果出了一款iWatch，這個技術會影響一個特別重要的行業，就是醫療業。現在蘋果公司在跟所有的醫療業醫生簽約，絕大多數的醫生都不願意簽，覺得我們檢查病患身體狀況，連一台大機器CT都查不清楚，你用支手錶就辦得到嗎？實際上這是蘋果公司最高明的一點，它利用大數據分析，把你每一天的睡眠、每一分鐘的心跳、你坐了多長時間，走了多長時間，都記錄得清清楚楚，如果在分析的過程中，這個人的心跳跟上一次心跳有明顯的變化，運動量明顯增加了或者降低了，可能就是發生某種疾病的先兆，如果有一個設備二十四小時紀錄你的行為，任何一個變化都會透過這個大的資料去發覺，接著再到大醫院裡面體檢，準確性就高得不得了。我回到中國後去了一趟協和醫院，那裡跟北京車站一樣，整個大廳人山人海，有多少人是擔心自己的身體所以到這裡掛專家門診？我們醫療好像和網際網路離得比較遠，蘋果公司做的事情就是讓網際網路和醫療行業結合。

陳文茜：為什麼一些大藥廠把在紐澤西的總部關掉搬到德州？不只是因為那裡有很好的醫學院，很大的原因就是大數據。因為大數據的運算太快，比如一個藥廠一年才會找出某種癌症或特殊疾病的藥，自從大數據運算的出現，這些大藥廠幾個月之內就可以研發出一種新藥。很多人看到前一段時間納斯達克股市生物科技和蘋果一樣是漲得最多的股票，就是因為大數據，大數據的運算使它幾個月就可以跑出一個新藥。為什麼要遷到德州去呢？因為那裡有頁岩氣，頁岩氣一桶只有兩美元，現在紐約石油價格一桶還要九十三美元，布蘭特原油還要一百美元出頭，大數據最大的成本就是要使用非常多的電去運算，另外就是人的腦力，於是大家都把大數據中心遷到電最便宜的地方。現在德州那個地方和美國其他地方不一樣，美國其他地方的富豪區每個房子都在求售，可是德州到處都在蓋房子，就是大數據和頁岩氣改變了那個地方。iWatch不光是對你個人的，這些數據後來包括對藥的發明、對於醫生的診療都會發生絕對性的改變。所以你學了醫學還得去唸一個資訊工程，你可能要去唸一個大數據分析，如果你既學了醫學又學了大數據分析，你可能會跟當年華爾街金童一樣，是少數全中國收入最高的人。

提問 在你們所說的網際網路時代，我們也知道現在的公開課程（Massive Open Online

Course，簡稱MOOC）極度發展，我們不一定要進入大學也可以獲得大學教育，在中國大學裡學到的大部分東西都已經落伍，甚至有些是陳腐的，而讀大學的成本又是很高的，特別是對於農村子弟來說。我想問三位，你們怎麼看大學的教育？我們在這樣的數據化年代，大學的教育還是必要的嗎？

潘石屹：麻省理工學院和哈佛成立了edX（線上教育非營利機構），麻省理工學院的負責人是一個印度人，觀點特別激進，他說你看看我們MIT，看看哈佛，跟寺院一樣，誰還去那裡上學？應該都是線上教育，這是他的觀點，他覺得網上教育講得更清楚，全世界講高等數學的人有三個就夠了，不用再多，而且這三個人是全世界講得最好的，講得不清楚還可以在線上教育從頭看一遍。我說線上教育以後有沒有文憑？他說當然發了，上網之後五分鐘之內靠人工智慧就可以識別出來，哪個知識面是長的、哪個知識面是短的就全都出來了，這是未來的教育。然後我們到耶魯去，耶魯的前任校長是一個著名的教育家，美國好多大學的校長都是他培養出來的，他辭職做了一個線上教育的網站，結果麻省理工學院的這個印度人就說他要到中國去，因為中國人很多，會是線上教育的一個主要市場，我說你得找一個正經機構，或者起碼和清華大學合作。我在美國的時候他就到清華大學來推廣他的網上教育，他信心十足，覺得未來的網上教育空間太大了。

陳文茜：MOOC和開放課程的差別，就是學生可以立刻提問題，不是只有網上教學老師在授課，也要求同學提問。比如麻省理工學院有了這種課程，在教某種特殊數學的時候，有一個天才在非洲，他特別聰明，提出來的答案特別好，於是便為那個學生提供獎學金，延攬他過來學校讀書。如果MOOC發現在中國甘肅有這麼聰明的人，不用潘石屹提供獎學金，就可以直接去唸書了。

提問

剛才談到出國的問題，我希望以後去NGO組織工作，但是家裡完全反對，父母覺得我只是在空想，認為我只是一個很小的個體，為什麼會心這麼大？他們不需要我有多努力、多優秀，也不希望我去改變世界，只要好好地完成學業、婚姻，成立家庭，過好日子就足夠了。我因為這件事跟父母的關係很不好。這個年齡大家都可能遇到這樣的問題，如何在這個矛盾中間找到一個平衡點，既能讓自己完成自己的心願，飛得更高，也不讓父母有顧慮，讓他們能夠放心？

潘石屹：我覺得你父母的想法還是太保守。我們前幾年做了一個慈善專案，叫做美麗中國，有兩個美國的學生、兩個中國的學生，一共四個人去了一個學校支教（支援落後地區教育）兩年。我們碰到最大的困難就是父母不答應，於是這些孩子就偷偷摸摸地去，這些孩子經過兩年的時間成長得非常快。其中有一名學生去雲南支教了兩年，隔年哈佛大學就錄取了他，這個人在支教前後有了很大的成長轉變。所以，要把自己的好日子做好，要愛自己的家庭、愛自己的父母，範圍還要更大一些，更大一些並不影響愛你的家庭、愛你的父母，這些都是一致的，只是你的範圍更大一點，你付出的更多，得到的也更多。這是一個基本的道理，當你自己把自己做小了，不往外付出了你什麼也得不到。

提問：最近聽了很多專家講座，我覺得世界離我們很近，也離我們很遠，作為一個大學生，我不知道我們具體應該要做什麼，感覺滿迷茫的。

潘石屹：你在大學裡覺得很迷茫？我想大概有三件事情可以做，第一件是要鍛煉好身體，身體是最根本的，無論是這個社會、家庭還是你自己，都需要一個健康的身體，你們可能年輕，體會不到這一點，像我和曹老師這樣年紀比較大的，就覺得身體很重要。第二點就是要學習知識，我們不是為了鍛鍊身體而鍛煉，我們的頭腦要用知識武裝起來，要能夠學習更多的知識。作為一個大學生，理想和目標就是要讓自己成為一個像文藝復興時期的人，像達文西這樣的人，既會數學又會繪畫又會雕塑，什麼東西都會，我覺得就是要渴求知識，把自己的頭腦武裝起來。最後一點特別重要，要把自己的心放寬，看到積極的、陽光的、向上的一面。別人的錯誤、缺點、黑暗時可以閉上眼睛不看它，讓自己的心對整個社會充滿著愛與憐憫，這樣的話你鍛煉了身體，學的知識才會去駕馭你的身體和知識，否則一個很陰暗的、天天琢磨著想害同學的人，就算有再好的身體和知識，又有什麼用呢？

提問：我是學金融的，前幾年看過你的《文茜世界周報》，你講過一句話，兩岸雖然講著相同的語言，但是文化差異是十分大的。上海經過這些年的發展，你還認為兩岸的文化差距很大嗎？你對台灣學生有沒有什麼建議？

陳文茜：我覺得很多人都有類似的問題，第一個最重要的，就是你們的知識一定要是跨領域的，在我那一代的人可以只懂某一個領域，而你們這個世代，除了非洲人之外，全世界有非常多是跟你在同一個起跑點上。更不要講開放式教學，如果他夠努力，可以從非洲直接看MIG，直接看哈佛的開放式課程，還可以直接受教育。你會電腦、會IT、也有MBA，你就會變成華爾街裡面很重要的人，你會醫療、你會IT，你就可以在大數據和生物科技裡面所向無敵，你光會IT不會醫療，這種人太多了，你光會醫療不會IT，你很難進入生物科技這個領域。我想補充潘總的是，你們一定要學會跨領域。

第二點是把你們的眼界放寬，不只要知道兩岸，你要知道美國，你要知道歐洲，你要知道全世界非常多不同的社會和文化，所以不只要跨領域，你要跨出這個社會。第三點是我非常贊成潘董事長講的，還有什麼是比年輕更富有的呢？我們三個人是多麼嫉妒你們，如果可以重來，他現在好想到哥倫比亞重新學英文。如果我有孩子，我會問他生命路線圖，可能到一個年齡我就讓他到上海來，他會有另外一種態度，我再讓他到美國去經歷好幾個不同的社會和競爭環境，領會了跨領域和跨國界後，再看看西班牙是怎麼垮下去的，那個擁有無敵艦隊的國家今天何以成為全世界青年失業率最高的國家，他們是怎樣面對自己的問題，居然問題那麼明顯，法國從頭到尾就是工會改革，工作時數太短，懶到不成相，但是每天都只想房價，整天怪所有其他的事情。

如果你覺得很迷茫，你到中國鄉下最貧困的地方做義務教學，去那個地方做各種支教，你可以參與很多公益的工作，在那裡你會覺得你的生命太有價值，你擁有的太多，你可以幫助在山裡的孩子，回來的時候會對生活周圍充滿感激，你會抓住你的機會。一個人在青年大學時期一定要走入貧困的社區，並且在裡面做各種不同的NGO的工作，對自己所擁有的東西建立高度的肯定感，你去幫助比你困苦、比你生命更困難的一些人，你會瞭解自己擁有的多少，以付出來建立一個完全正確的人生價值觀，將來你成功的時候你才不會淪落。

曹景行：潘總，你現在最缺的是什麼？最想多一點的是什麼？

潘石屹：最想多一點的還是知識，我們這一代人有好多欠缺。

曹景行：但是知識是靠時間積累的，我自己感覺最缺的就是時間。時間最多的就是大學這四年，你可以支配的時間最多，一旦畢業以後再也沒有這個機會，所以要把這段時間用在一輩子都能夠獲益的東西上。

提問 我的父親非常關心兩岸政治，但是我想講的是，像我對各方面都很有興趣，但是有時候還是會碰到一些阻力，那些人會說你學這些東西沒有用，比如一些政治經濟和電影的東西，它不能幫助你就業，學了以後也不能加入這些行業。如果碰到這樣的情況，我們要怎麼對那些人說，學這種東西就是有意義的？

潘石屹：有三件事情對世界影響最大：第一件是文藝復興，第二件是工業革命，第三件就是我們目前面對的網際網路。文藝復興是怎麼回事？文藝復興是復興古希臘和古羅馬的文明，古希臘的文明是人類文明的最高點，我們過了一段時間就忘了，現在要把它復興回去，古希臘的人就是每天都琢磨一些沒用的事情。就是太有用的事情、太眼前的事情、急功近利的事情沒有達到這個文明的高度，無論是幾何學也好、哲學也好、各種功利也好、法律也好，思考一些沒用的東西才能把這些有用的東西提升起來，才能把人類的文明推到一個高點上，如果天天琢磨著GDP、房地產，這些東西反而沒有太大的用處。我們既要腳踏實地，又要仰望星空，仰望星空的事情都是一些沒用的事情，可是能讓他自己和人類的文明得到提升。

提問 陳老師提到青年人要超越憤怒，陳老師和曹老師這樣的新聞工作者能不能給我們這一代的青年人、未來的新聞人一點建議？我們應該做些什麼？這種大變革的大趨勢下，掌握整個社會的動態的人能不能給我們一些建議？

曹景行：關於新聞的事情其實現在是比較迷茫的，許多學新聞的人後來都不再做新聞了，所以首先是你自己想不想在新聞事業上做下去。因為做新聞付出與回報很不成比例，你真的很喜歡就堅持下去，不然的話早一點改行。如果做下去就認認真真地做，就是做採訪，做最基層、基本的採訪，不要去搞一些形式主義、天天官樣文章的東西，講多了自己也變成官樣文章了，你也就做不成新聞了。

曹景行：我聽了一些同學的提問，感到現在不是大學的問題，是我們至少在中國大陸，台灣那邊也差不多。升學體制把人捆在一個非常狹窄、非常功利，為了一定要怎麼樣才一步一步地在走。進了大學最重要的一點，就是看你們能不能自覺地把原來這套東西扔掉，換一個想法來規劃自己，不然的話還是這樣，就像剛才說到父母的限制，文藝復興就是要成為一個完整的人，如果我們到了大學還是受原來那個軌道的約束，真的不會有出息。我們說未來的變化這麼大，需要一種跨行業、突破、創新，但是這些東西從幼稚園就沒有在教，也沒有給這樣的環境，這才是最大的問題。到了大學自己做自己，別讓那些東西束縛你，這可能是決定自己未來的最有用方法。

陳文茜：父母親如果很關心你，跟你有不同的意見，你要有能力用不同的角度去跟他們對話，這個對話不是贊成也不是說服。將來進了職場也會出現跟別人的衝突，所以永遠要保持一種能力，不要進入衝突本身，而是有第三隻眼睛。父母親對你的要求都來自於他的關心，可是他的意見未必是對的，內心謝謝他的關心，但是請堅持你的理想。當你走得很好時，父母親就會知道他是白擔心，你是對的，當父母親越擔心你，就要走得越好，用你的成就回過頭來說服你的父母親，他們會被你說服，因為他的原意來自於他很愛你。很多人說你不要唸這個、不要唸那個，對你將來統統都沒有用，這可能是一種勸告，在這個世界上你會聽到太多限制你的社會常規，你們知道這個社會對女性有多少限制嗎？還有人說不要嫁鳳凰男，其實嫁給什麼男都沒有用，如果你是一個獨立的女性，嫁給什麼男都不是問題。如果你不能獨立地做你自己，好好地去學習你想要的東西，將來怎麼可能改變這個世界，而且還要像潘石屹所講的與眾不同？這絕對不可能的，越與眾不同的人一定是學越多領域的人。

唸新聞系的人說我要如何走在前面，曹老師講得非常重要，那是基層採訪，但是我認為還不夠，你不可以只唸新聞。我在過去的工作裡發現最應該訓練的是新聞系的學生，因為你要面對的是國際財經、國際政治、食品安全，還有很多醫療問題，你怎麼可以只學新聞學這種傳播學的東西？所以新聞系一定要跨多重領域，否則無法扮演好你的角色。其次是好的新聞記者會有好的國際觀，你看阿拉伯之春，看利比亞這個國家，以前它根本不是國家，全部有一千多個部落，你就知道它把個子大的推翻，但推翻以後那個國家完全垮掉了，這是一個好的新聞記者。愚蠢的新聞記者只會報導現象，有意識形態的記者就立刻說這個好、那個不好，但是好的新聞記者、好的媒體工作者就會瞭解歷史，瞭解它的後果會是什麼。看到今天烏克蘭的政治，就瞭解後果很可能是一個新的冷戰，或者這個新冷戰的口號是被誇大出來的；

瞭解ＩＳＩＳ的過程就知道以前叫賓拉登，怎麼突然叫ＩＳＩＳ？這個代表伊斯蘭極端主義在短時間內是消滅不了的，殺了這個會有另外一個崛起，除非伊斯蘭世界自己做出反省，做出了一個修正，所以你不會跟著美國說打死他，會知道這些問題是複雜的，是非常會複製的。

看到蘇格蘭在鬧獨立，看到西班牙在鬧獨立，每個地方都在鬧獨立，你怎麼看這個現象？是從他的歷史仇恨去看，從不同的文化去看，還是這是歐債危機之下的產物？這是判斷一個新聞記者好壞的差別，這個大的框架不會來自於你學的新聞學，是來自於你對國際財經、國際政治或是其他跨領域的學習。其實你們擁有青春，你們最棒的一件事情就是可以不斷地學習，在人生中去尋找你的角色，所以不會有一樣學習叫做浪費，只有一個東西叫做浪費，就是猶豫不決。

曹景行：如果看過文茜最新著作的最後一篇文章，就會知道她的偶像是法國歷史學家，年鑑派的布羅克。他差不多在上個世紀七十年代過世。歷史學家的他，在法國遭到納粹德國侵略時參加了抵抗運動，六月六號諾曼地登陸，他在六月十六號被納粹抓起來槍斃。上刑場時，他旁邊有個十多歲的孩子，很害怕，問他說會很痛苦嗎？布羅克是怎麼回答他的？

陳文茜：別怕，別怕，一切都會過去的。

曹景行：這就是布羅克當時的回答，是對不可知未來的一種回答。

陳文茜：什麼不可知的未來？我很嫉妒你們，你們很年輕的，有一切可能性。如果會覺得痛，不止是一切都會過去，你們的一切都會比我們更好。

潘石屹

創立SOHO中國，投身支教，開啟學子留學國際之路。

曹景行

上海知名媒體人。

「心中的夢想是什麼，必須自己去找。

在尋找的過程中可能會受傷，但你有一個很大的本錢：

年輕人還有很多時間可以受傷。」

——陳文茜

圖片提供／陳文茜

PEY0380

我相信・失敗

作　者—陳文茜
主　編—李筱婷
責任編輯—李筱婷、林謹瓊
責任企畫—林倩聿
美術設計—繁花似錦
內頁設計—李宜芝
總 編 輯—余宜芳
發 行 人—趙政岷
出 版 者—時報文化出版企業股份有限公司
10803 台北市和平西路三段二四〇號三樓
發行專線—(〇二)二三〇六—六八四二
讀者服務專線—〇八〇〇—二三一—七〇五
(〇二)二三〇四—七一〇三
讀者服務傳真—(〇二)二三〇四—六八五八
郵撥—一九三四四七二四 時報文化出版公司
信箱—台北郵政七九～九九信箱
時報悅讀網—www.readingtimes.com.tw
電子郵件信箱—history@readingtimes.com.tw
法律顧問—理律法律事務所 陳長文律師、李念祖律師
印　刷—詠豐印刷有限公司
初版一刷—二〇一五年四月十日
二版九刷—二〇一八年十一月十四日
定　價—新台幣三八〇元

我相信失敗 / 陳文茜著 .
-- 初版 . -- 臺北市 : 時報文化 , 2015.04
320 面 ;14.8x21 公分 . -- (People ; 380)

ISBN 978-957-13-6185-7(平裝)
1. 言論集

078　　1040004

ISBN 978-957-13-6185-7
Printed in Taiwan